财务会计与会计内部控制探索

尚 青 著

哈尔滨出版社
H.P.H
HARBIN PUBLISHING HOUSE

图书在版编目（CIP）数据

财务会计与会计内部控制探索 / 尚青著 . -- 哈尔滨：
哈尔滨出版社，2024.1

ISBN 978-7-5484-7467-8

Ⅰ．①财… Ⅱ．①尚… Ⅲ．①企业内部管理—财务会
计—信息化—研究 Ⅳ．① F275.2

中国国家版本馆 CIP 数据核字（2023）第 156392 号

书　　名：**财务会计与会计内部控制探索**
CAIWU KUAIJI YU KUAIJI NEIBU KONGZHI TANSUO

作　　者：尚　青　著
责任编辑：韩伟锋
封面设计：张　华
出版发行：哈尔滨出版社（Harbin Publishing House）
社　　址：哈尔滨市香坊区泰山路 82-9 号　**邮编：**150090
经　　销：全国新华书店
印　　刷：廊坊市广阳区九洲印刷厂
网　　址：www.hrbcbs.com
E - mail：hrbcbs@yeah.net
编辑版权热线：（0451）87900271　87900272
开　　本：787mm×1092mm　1/16　**印张：**11.25　**字数：**250 千字
版　　次：2024 年 1 月第 1 版
印　　次：2024 年 1 月第 1 次印刷
书　　号：ISBN 978-7-5484-7467-8
定　　价：76.00 元

凡购本社图书发现印装错误，请与本社印刷部联系调换。

服务热线：（0451）87900279

前　言

　　财务会计作为人们用以反映企业或单位的经济活动过程和结果的一门课程，早已渗透到社会经济的各个层面，经济实体无论规模大小，都需要运用财务会计的理论和方法计算、记录、分析和说明其经济活动过程、财务状况和经营成果等方面的内容。掌握并熟练运用会计理论和方法体系，已成为管理类和经济类专业学生必须具备的一项基本素质。

　　会计发展的历程表明，经济越发展，会计越重要。经济社会对高质量、高透明度会计内部控制的需求不断增加，要求会计从业人员不断提高自身素质。

　　本书首先讲述了财务会计总论，其次探讨了资产、负债和所有者权益的内容，进而研究了会计内部控制概论，最后分析了货币资金的会计内部控制和业务流程的会计内部控制的内容。本书涉及面广，实用性强，兼具理论与实际的应用价值，可供相关财务人员学习和参考。

　　本书在编写过程中借鉴了一些专家学者研究成果和资料，在此特向他们表示感谢。由于编写时间仓促，编写水平有限，不足之处在所难免，恳请专家和广大读者提出宝贵意见，予以批评指正，以便改进。

目　录

第一章　财务会计总论

第一节　会计基本假设

一、会计主体假设

会计主体是指会计确认、计量和报告的空间范围。一般来说，只要是独立核算的经济组织都可称为会计主体。会计主体可以是法人（如公司），也可以是非法人（如独资企业、合伙企业）；可以是一个特定的企业，也可以是企业内部独立核算的某一特定部分（如分公司）；可以是一个单一的企业，也可以是几个企业组成的集团等。

在会计主体假设下，企业应当对其本身发生的交易或者事项进行会计确认、计量和报告，并反映企业本身所从事的各项生产经营活动。此假设的提出，为会计核算的开展提供了空间界定，并因此限定了财务报告（又称财务会计报告）中包括和反映的事项及它们的属性，从而能使企业的财务状况、经营成果和现金流量得到独立的反映，使信息使用者据此获得有用的信息，并进一步做出合理的决策。

二、持续经营假设

持续经营是指会计主体会按预定的目标经营下去，而不会在可预计的将来进行破产、清算。

在持续经营假设下，企业进行会计确认、计量和报告应当以持续经营为前提。此假设的提出为会计核算的开展提供了时间界定。也就是说，会计主体所持有的资产将按照预定的用途在正常经营过程中被耗用、转让或出售，它所承担的债务也将如期获得清偿。持续经营假设为会计政策和估计方法选择提供了前提条件。

持续经营假设是基于市场经济环境下会计主体之间存在竞争，以及其经营持续时间具有不确定性而提出的。当有确凿证据证明企业已经不能再继续经营下去时，应改用破产清算会计处理，并在企业财务报告中作相应披露。换言之，持续经营假设只适用于正常运行状态下的会计主体，而不适用于终止经营的会计主体。

三、会计分期假设

会计分期是指将企业连续的生产经营活动人为地划分为若干个首尾相接、间距相等的会计期间。会计分期是为了能定期地反映企业的财务状况、经营成果和现金流量以及其他财务情况的信息，从而满足信息使用者的需要。

在会计分期假设下，企业应当划分会计期间的分期结算账目和编制财务报告。会计期间分为年度和中期。年度和中期均按公历起讫日期确定。中期是指短于一个完整的会计年度的报告期间。

会计分期假设是持续经营假设的一个必要补充，是对会计活动的时间界定所做的进一步假设。会计分期假设的提出，产生了本期与非本期的区别，出现了权责发生制和收付实现制两种计算损益的会计基础制度，也使不同类型的会计主体有了记账的基准，并为正确计算收入、费用与损益提供了前提条件。

四、货币计量假设

货币计量是指会计主体在进行会计确认、计量和报告时以货币计量，反映会计主体的财务状况、经营成果和现金流量。

在货币计量假设下，企业会计应当以货币计量。只有采用货币计量，不同企业的会计信息以及一个企业不同期间的会计信息之间才有可能相互比较、分析、评价。以货币价值作为计量尺度，单位货币价值应该是稳定的，否则，尺度标准的公正性、客观性等将受到损害。因此，货币价值稳定不变，是货币计量假设得以成立的一个重要前提。币值稳定不变的真正含义是：会计人员在正常的账务处理程序和账表体系中不考虑币值的变化。当然，发生严重的通货膨胀时，该假设不成立，应改用物价变动会计或通货膨胀会计来进行会计业务的处理。

货币计量假设有一定的局限性。由于统一采用货币计量，所以在重视货币计量信息的同时，却忽视了有价值的非货币计量信息，有些对企业价值评估和营业状况了解有帮助的信息，如企业的研发能力、产品的市场占有率等，因难以用货币计量而不能提供准确的信息。所以大量非财务信息对信息使用者具有越来越重要的意义。为此，企业可以在财务报告中通过补充披露非财务信息方式来弥补货币计量假设的不足。

第二节　会计信息质量要求

会计信息质量要求是对企业财务报告中所提供的会计信息质量的基本要求，是财务报告中所提供的对使用者决策有用的会计信息所应具备的基本特征，也是选择或评价具体会计准则、会计程序和方法的标准。根据《企业会计准则——基本准则》规定，我国会计信息的质量要求主要包括可靠性、相关性、可理解性、可比性、实质重于形式、重要性、谨慎性和及时性。

一、可靠性

可靠性要求企业应当以实际发生的交易或事项为依据进行会计确认、计量和报告，如实反映符合确认和计量要求的各项会计要素及其他相关信息，以保证会计信息的真实可靠、内容完整。

可靠性要求包括三个要素，即客观性、真实性和完整性。客观性是指企业应当以实际发生的交易或者事项为依据进行会计确认、计量和报告；真实性是指企业应当如实反映其所应反映的交易或者事项；完整性是指企业应当在符合重要性和成本效益原则的前提下，保证会计信息的完整性。可靠性是要求充分发挥会计信息作用的重要保证，也是对会计核算工作和会计信息的基本品质要求。

二、相关性

相关性要求企业提供的会计信息应当与财务会计报告使用者的经济决策需要相关，这样有助于财务会计报告使用者对企业过去、现在或者未来的情况做出评价或者预测。

会计信息的价值与决策相关，有助于决策或者提高决策水平。这里所说的相关性主要是指会计信息的反馈价值和预测价值。会计信息的反馈价值是指有助于信息使用者评价企业过去的决策，证实或者修正过去的有关预测；会计信息的预测价值是指有助于信息使用者根据财务报告所提供的会计信息预测企业未来的财务状况、经营成果和现金流量等。相关性与可靠性是会计信息的两个主要的品质特征，因为会计信息必须与决策相关，才有质量；会计信息必须具有可靠性，才能使信息使用者做出正确的决策。当然，相关性与可靠性之间也存在一定的矛盾，需要会计人员在两者的重要性之间进行权衡。

三、可理解性

可理解性要求企业提供的会计信息应当清晰明了，便于财务会计报告使用者理解和使用。

可理解性是决策者和信息有用性的连接方式。企业编制财务报告、提供会计信息的主要目的是让使用者能够有效地使用会计信息，这就要求会计人员在保证会计信息质量的前提下，力求使会计信息简明易懂，以提高会计信息的有用性。同时，由于会计信息是一种专业性较强的信息产品，为此，应该要求会计信息使用者学习、了解和掌握一定的会计专业知识，以便能更有效地利用会计信息做出科学合理的决策。

四、可比性

可比性要求企业提供的会计信息应当具有可比性。具体包括以下两个方面的要求：

1. 同一企业不同时期发生的相同或者相似的交易或者事项，应当采用一致的会计政策，不得随意变更。确需变更的，应当在附注中说明。当然，满足会计信息可比性的要求，并不表明不允许企业变更会计政策。如企业按照规定或者会计政策变更后可以提供更可靠、更相关的会计信息时，有必要变更会计政策，以向使用者提供更为有用的信息。

符合下列条件之一的企业可以变更会计政策：①法律或会计准则等行政法规、规章要求变更会计政策；②变更会计政策后，能够更恰当地反映企业财务状况、经营成果和现金流量信息。

2. 不同企业发生的相同或者相似的交易或者事项，应当采用规定的会计政策，确保会计信息口径一致、相互证实。换言之，对于相同或者相似的交易或者事项，不同企业应当采用一致的会计政策，以使不同企业按照一致的政策确认、计量和报告基础提供有关会计信息。

五、实质重于形式

实质重于形式要求企业应当按照交易事项的经济实质进行会计确认、计量和报告，不应仅以交易或者事项的法律形式为依据。

实质重于形式从制度层面确保了会计信息的真实性。在实务中，交易或者事项的法律形式并不总能真实地反映其实质内容。当法律形式不能准确表达交易或者事项的经济实质时，应透过法律形式，按交易或者事项的经济实质进行核算。例如，融资租入的固定资产应视为有固定资产进行确认、计量和报告，就体现了实质重于形式的要求。

六、重要性

重要性要求企业提供的会计信息应当反映与企业财务状况、经营成果和现金流量等有关的所有重要交易以及事项。

重要交易或者事项的认定有赖于职业的判断。一般而言，企业应当根据其所处的环境和实际情况，从项目的性质和金额的大小两个方面来判断信息的重要性，进而做出相应的会计处理。

七、谨慎性

谨慎性要求企业对交易或者事项进行会计确认、计量和报告应当保持谨慎，不应高估资产或者收益、低估负债或者费用。

由于企业的生产经营活动在市场经济环境中充满风险和不确定性。因此，在会计核算中，会计人员在对企业所面临的不确定因素做出职业判断时，应当保持必要的谨慎，既不多计资产或收益，也不少计负债或费用。谨慎性要求反映了会计人员对其所承担责任的一种态度，它可以在一定程度上降低管理由于对企业过于乐观而可能导致的风险。当然，如果企业故意低估资产或收益，或是故意高估负债或费用，将谨慎性的运用变为调整利润和成本、计提秘密准备金的手段，就违背了会计信息的可靠性和相关性要求，将使会计信息失真，并误导信息使用者，使其做出错误的决策，这是企业会计准则所不允许的。

在会计实务中，资产减值准备的计提、加速折旧法的运用，或事项的处理等都是谨慎性要求的具体体现。

八、及时性

及时性要求企业对于已经发生的交易或者事项，应当及时进行会计确认、计量和报告，不得提前或者延后。

根据及时性要求，在保证会计信息质量可靠性和相关性的基础上，还要保证会计信息的时效性，以便会计信息能够被及时、准确、有效地加以利用。要达到及时性要求，主要可从以下三个方面入手：一是收集会计信息要及时，二是处理会计信息要及时，三是传递会计信息要及时。这就意味着会计的日常核算工作和报表资料的提供要按规定的时限来进行。

第三节 会计要素

会计要素也称财务报表要素，是按照交易或者事项的经济特征所做的基本分类。它是确定财务报表结构和内容的依据，也是进行会计确认和计量的依据。只有对会计要素做出科学严格的定义，才能为会计确认、计量和报告奠定坚实的基础。

我国《企业会计准则——基本准则》规范了六大企业会计要素，即资产、负债、所有者权益、收入、费用和利润。其中，资产、负债和所有者权益都是反映企业财务状况的会计要素，而收入、费用和利润则是反映企业经营成果的会计要素。

一、资产

（一）资产的定义

资产是指企业过去的交易或者事项形成的、由企业拥有或者控制的、预期会给企业带来经济利益的资源。

（二）资产的特征

1. 资产预期会给企业带来经济利益

资产预期会给企业带来经济利益，是指资产具有直接或者间接导致现金等价物流入企业的潜力。资产预期能为企业带来经济利益是资产的本质特征。预期不能带来经济利益的，就不能确认为企业的资产；即便企业过去为取得该项资源曾发生过种种消耗，也不能确认为资产，若已确认为资产的，也应从账面上剔除。比如，待处理财产损失或已没有任何价值的存货，它们不能给企业带来未来经济利益，就不能再作为资产出现在资产营收表中。

2. 资产应当为企业所拥有或控制

资产作为一种资源，应当为企业所拥有，或者即使不为企业所拥有，也应由企业所控制。拥有指企业享有某项资源的所有权，控制指企业已掌握了某项资源的实际未来利益和风险。如融资租入固定资产，按照实质重于形式的要求，也应当确认为企业的资产。企业拥有的或是已经控制的某项资产产生的利益只能归于该企业。换言之，资产对企业具有提供经济利益的能力，这种能力是排他性的。

3. 资产由企业过去的交易或者事项形成

企业的资产必须是现实的资产，不能是预期的资产。即只有过去发生的交易或者事项才能产生资产，企业预期在未来发生的交易或者事项不形成资产。这里所指的企业过去的交易或者事项包括购买、生产、建造行为及其他交易或者事项。例如，企业通过购买方式取得某项设备，该设备是企业的资产；但企业打算在将来购买一项设备，因其相关的交易或者事项尚未发生，所以预想购买的设备就不能作为企业的资产来确认。

（三）资产的确认条件

符合资产定义的资源，在同时满足两个条件时，就可确认为资产。

1. 与该资源有关的经济利益很可能流入企业

资产的一个重要特征就是预期会给企业带来经济利益，但与资源有关的经济利益能否流入企业或者能流入多少，这都具有不确定性。所以，资产的确认应当与判断经济利益流入的不确定性程度相结合。如果有证据表明，与资源有关的经济利益很可能会流入企业，那么就应当将该资源确认为资产。

2. 该资源的成本或者价值能够可靠地计量

可计量性是所有会计要素确认的基本前提，只有当某项资源的成本或者价值能够以货币计量时，资产才能被确认；反之，如果某项资源的成本或价值不能用货币加以计量，那么企业就难以确认和计量它的价值，在未来转化为费用时也难以进行计量。

（四）资产的分类

资产按流动性不同，可分为流动资产和非流动资产。

流动资产是指预计在一个正常营业周期中变现、出售和耗用，或者主要为交易目的而持有，或者预计在资产负债表日起 1 年内（含 1 年）可变现的资产，以及自资产负债表日起 1 年内交换其他资产或偿还负债的能力不受限制的现金或现金等价物。流动资产包括库存现金、银行存款、交易性金融资产、应收及预付款项、存货、应收利息、应收股利、其他应收款等。

非流动资产是指流动资产以外的资产，包括可供出售金融资产、持有至到期投资、长期股权投资、投资性房地产、长期应收款、固定资产、在建工程、工程物资、无形资产、商誉、研发支出等。

（五）资产的列示

符合资产定义和资产确认条件的项目，应当列入资产负债表；符合资产定义但不符合资产确认条件的项目，不应当列入资产负债表。

二、负债

（一）负债的定义

负债是指企业过去的交易或者事项中形成的、预期会导致经济利益流出企业的现时义务。

（二）负债的特征

1. 负债是企业承担的现时义务

现时义务是指企业在现行条件下已承担的义务。未来发生的交易或者事项形成的义务，不属于现时义务，不应认为是负债。负债是企业承担的现时义务，这是负债的基本特征。

现时义务既包括法定义务，也包括推定义务。法定义务是依照国家的法律、法规产生的义务，它既包括由法律、法规直接规定的义务，如依法纳税的义务，又包括由法定经济合同造成的义务，如购买合同中，依照合同规定付款的义务。推定义务则是指企业在特定情况下产生或推断出的责任，它可能是因企业为维护自身信誉或进行正常业务而将承担的义务，如产品质量担保义务等。

2. 负债的清偿预期会导致经济利益的流出

企业在履行现时义务清偿负债时会导致经济利益流出企业，这也是负债的一个本质特征。现时义务的履行可采取若干方式，如支付现金、转让其他资产、提供劳务、将负债转为资本等。

3. 负债由企业过去的交易或者事项形成

导致负债形成的交易或者事项都已经发生，只有源于已经发生的交易或者事项所形成的现时义务时，才是会计上所确认的负债。比如，赊购材料或材料已入库，但款项尚未支付，该交易形成的应付账款则被确认为负债。企业筹划将在未来发生的签订合同等交易或者事项，不会形成负债。

（三）负债的确认条件

符合负债定义的义务，在同时满足两个条件时，可确认为负债。

1. 与该义务有关的经济利益很可能流出企业

由于履行现时义务所需流出的经济利益带有种种不确定性，尤其是与推定义务相关的经济利益往往需要依赖大量的估计。所以，负债的确认应当与判断经济利益流出的不确定性程度结合起来。如果有证据表明，与现时义务有关的经济利益很可能会流出企业，那么就应该将该义务确认为负债。

2. 未来流出的经济利益的金额能够可靠地计量

负债作为一项会计要素，它的确认同样也需符合可计量性的要求。只有当未来流出的经济利益金额能够可靠地进行计量时，负债才能予以确认。与法定义务有关的经济利益流出的金额，可以根据合同或者法律规定的金额予以确定；与推定义务有关的经济利益流出的金额，应根据履行相关义务所需支出的最佳估计数来进行估计。考虑到经济利益的流出一般发生在未来期间，所以，对于未来流出的经济利益的金额在计量过程中通常需要考虑货币时间价值、风险等因素的影响。

（四）负债的分类

负债按流动性分类，可分为流动负债和非流动负债。

流动负债是指预计在一个正常营业周期中清偿，或者主要以交易目的而持有，或者自资产负债表日起 1 年内（含 1 年）到期应予以清偿，或者企业无权自主地将清偿推迟至资产负债表日后 1 年以上的负债。流动负债主要包括短期借款、应付票据、应付账款、预收账款、应付职工薪酬、应交税费、应付利息、应付股利、其他应付款等。

非流动负债是指除了流动负债以外的负债，主要包括长期借款、应付债券、长期应付款、专项应付款等。

（五）负债的列示

符合负债定义和负债确认条件的项目，应当列入资产负债表；符合负债定义，但不符合负债确认条件的项目，不应当列入资产负债表。

资产负债率是期末负债总额除以资产总额的百分比，也就是负债总额与资产总额的比例关系。资产负债率反映了在总资产中有多大比例是通过借债来筹资的，也可以衡量企业在清算时保护债权人利益的程度。资产负债率这个指标反映债权人所提供的资本占全部资本的比例，也被称为负债经营比率。资产负债率 = 总负债 / 总资产。

三、所有者权益

（一）所有者权益的定义

所有者权益，是指企业资产扣除负债后所有者享有的剩余权益。公司的所有者权益又称为股东权益。

（二）所有者权益的来源构成

所有者权益的来源包括所有者投入的资本、直接计入所有者权益的利得和损失、留存收益等。

所有者投入的资本，是指所有者投入企业的资本部分。它既包括构成企业的注册资本或者股份部分，又包括投入资本超过注册资本或者股本的部分，即资本溢价或者股本溢价。这部分投入资本按照我国企业会计准则规定被确认为资本公积，并在资产负债表中的"资本公积"项目下反映。

直接计入所有者权益的利得和损失，是指不应计入当期损益、会导致所有者权益发生增减变动的、与所有者投入资本或者向所有者分配利润无关的利得或者损失。所谓利得是指由企业非日常活动所形成的、会导致所有者权益增加的、与所有者投入资本基本无关的经济利益的流入，如可供出售金融资产由于公允价值变动而获得的利得；所谓损失是指由企业非日常活动中所发生的、会导致所有者权益减少的、与向所有者分配利润无关的经济利益的流出。

留存收益，是企业历年实现的净利润留存于企业的部分，主要包括计提的盈余公积和未分配利润。

（三）所有者权益的特征

1. 除非发生减资、清算或分派现金股利，否则企业不需要偿还所有者权益。
2. 企业清算时，只有在清偿所有的负债后，所有者权益才返回给所有者。
3. 所有者凭借所有者权益能够参与企业利润的分配。

所有者权益作为企业所有者对企业净资产的所有权，它的数量及来源随着企业经营的性质及生产规模的变化而发生变动。

（四）所有者权益的确认条件

由于所有者权益反映了所有者对企业资产的剩余索取权，是企业资产中扣除债权人权益后的剩余部分。因此，所有者权益的确认主要依赖于其他的会计要素，尤其是资产和负债的确认。相应地，所有者权益金额取决于资产和负债的计量。

（五）所有者权益的列示

所有者权益项目应当列入资产负债表。

四、收入

（一）收入的定义

收入是指企业在日常活动中形成的、会使所有者权益增加的、与所有者投入资本无关的经济利益等的总流入。

（二）收入的特征

1. 收入是从企业日常活动中产生的

收入应当是企业在日常活动中产生的，而不是从偶发的交易或者事项中产生的。所谓日常活动，是指企业为完成其经营目标而从事的所有活动，以及与之相关的活动。如商业企业从事商品销售活动、金融企业从事贷款活动、工业企业制造和销售产品等。企业所进行的活动有些并不是经常发生的，如工业企业出售作为原材料的存货，但因与日常活动有关，也属于收入。有些交易或者事项虽然也能为企业带来一定的经济利益，但由于不属于企业的日常活动，所以，其流入的经济利益不属于收入而是利得，如工业企业出售固定资产净收益。

2. 收入应当表现为经济利益的流入

收入会导致经济利益的流入，但不能因此就认为企业经济利益的流入就是收入，企业经济利益的流入有时是由所有者投入资本引起的。因此，与收入相关的经济利益流入是与所有者投入资本无关的经济利益的总流入。此外，收入只包括本企业经济利益的流入，而不包括企业为第三方或者客户代收的款项，如增值税、代收利息等。

3. 收入最终会导致所有者权益的增加

与收入相关的经济利益的流入最终会导致所有者权益的增加，不会导致所有者权益增加的经济利益的流入，不符合收入的定义，不应将其确认为收入。如企业从银行取得的借款导致了经济利益的流入，但该经济利益的流入并没有增加所有者权益，而是表现为企业所承担的现时义务的增加，因此，不应将其确认为收入，应当视其为负债。

（三）收入的确认条件

收入的确认除了应当符合定义之外，还应当满足相应的确认条件。即收入只有在经济利益流入时导致企业资产增加或者负债减少，且经济利益的流入额能够可靠计量时，才能将其予以确认。

（四）收入的分类

收入按性质分，可以分为销售商品收入、提供劳务收入和让渡资产使用权等实现的收入。其中：销售商品收入是指企业通过销售商品实现的收入，这里的商品既包括企业为销售而生产的产品和为转售而购进的商品，又包括企业销售的其他存货，如原材料、包装物等；提供劳务收入是指企业通过提供劳务实现的收入，如企业通过提供咨询、培训、运输、产品安装等劳务所实现的收入；让渡资产使用权收入是指企业通过让渡资产使用权实现的收入，让渡资产使用权收入包括利息收入和使用费收入。这里利息收入主要是指金融企业对外贷款而形成的收入，及同行业之间发生往来形成的利息收入。使用费收入主要是指企业转让资产的使用权所形成的使用费收入，如企业对外出租设备收取的租金等。

收入按企业经营业务主次分，可以分为主营业务收入和其他业务收入。其中，主营业务收入是指企业为完成其经营目标所从事的经常性活动实现的收入。主营业务收入占企业总收入的比重较大，对企业的经济效益产生影响较大。不同行业企业的主营业务收入所包括的内容也不同。比如：工业企业的主营业务收入主要包括销售产品、自制半成品、代制品、代修品，提供工业性劳务等实现的收入；商业企业的主营业务收入主要包括销售商品实现的收入；运输企业的主营业务收入主要包括对外提供各类运输服务所实现的营运收入等。其他业务收入是属于企业日常活动中次要交易实现的收入，它是指企业为完成其经营目标所从事的与经常性活动相关的活动实现的收入。其他业务收入一般占企业总收入的比重较小，且对象不固定。如工业企业出售多余的材料取得的收入、对外出租固定资产取得的租金收入、转让无形资产使用权实现的收入等。

（五）收入的列示

符合收入定义和收入确认条件的项目，应当被列入利润表。

五、费用

（一）费用的定义

费用是指企业在日常活动中产生的、会导致所有者权益减少的、且与向所有者分配利润无关的经济利益的总流出。

（二）费用的特征

1. 费用是在企业日常活动中产生的

费用对日常活动的定义同收入对日常活动的定义相似。日常活动中所产生的费用包括销售成本、销售费用、管理费用、职工薪酬、固定资产折旧费等。对于非日常活动中所形成的经济利益的流出不应确认为企业的费用，如企业处置固定资产发生的净损失不是费用而是损失。

2. 费用会导致经济利益的流出

费用的发生会导致经济利益的流出，其表现形式为资产的减少或是负债的增加。但是，如果企业是因为向所有者分配利润时而导致经济利益流出的，则该流出不是费用，而是属于所有者权益的抵减项目。

3. 费用最终会导致所有者权益的减少

与费用相关的经济利益的流出最终会导致所有者权益的减少，而不导致所有者权益减少的经济利益的流出，不符合费用的定义，不应将其确认为费用。比如，企业用银行存款偿还一笔银行借款，该业务导致了企业经济利益的流出，但是该流出没有引起企业所有者权益的减少，而是表现为企业负债的减少，则该经济利益的流出不应作为费用予以确认。

（三）费用确认的条件

费用的确认除了应当符合定义之外，还应当满足其相应的确认条件。即费用只有在经济利益很可能流出进而导致企业资产减少或者负债增加、且经济利益的流出额能够可靠计量时，才能予以确认。

在费用确认过程中应注意以下三方面的问题：

1. 企业为生产产品、提供劳务等发生的可归属于产品成本、劳务成本等的费用时，应当在确认产品销售收入、劳务收入等时，将已销售产品、已提供劳务的成本等及时计入当期损益。

2. 企业发生的支出不产生经济利益的，或者能够产生经济利益但不符合或者已不再符合资产确认条件的，应当在发生时就确认为费用，计入当期损益。如企业发生的业务招待费等。

3. 企业发生的交易或者事项导致其承担了一项负债而又不确认为一项资产的，应当在发生时确认为费用，计入当期损益。如企业对外销售商品时提供的产品质量担保等。

（四）费用的分类

费用可按不同标准进行分类。比如：若按经济性质分，可分为劳动对象方面的费用、劳动手段方面的费用和活劳动方面的费用三大类；若按经济用途分，可分为直接材料、直接人工、其他直接费用、制造费用、管理费用、财务费用和销售费用等多类。

（五）费用的列示

符合费用定义和费用确认条件的项目，应当列入利润表。

六、利润

（一）利润的定义

利润是指企业在一定会计期间的经营成果。利润更是一项重要的经济指标，它可以及时反映企业在一定会计期间的经营业绩和获利能力，可以反映企业的投入产出效率和经济效益。有助于企业投资者和债权人等据此进行盈利预测、评价企业经营绩效，从而做出正确的决策。

（二）利润的构成

利润包括收入减去费用后的净额、直接计入当期利润的利得和损失等。其中，收入减去费用后的净额反映的是企业日常活动的业绩；直接计入当期利润的利得和损失反映的则是企业非日常活动的业绩，它是指应当计入当期损益、会导致所有者权益发生增减变动的、与所有者投入资本或者向所有者分配利润时无关的利得或者损失。如企业处置固定资产发生的利得或者损失等。

（三）利润的确认条件

根据利润的构成可见，利润的确认主要依赖于收入和费用以及利得和损失的确认，并且利润的金额取决于对收入和费用、直接计入当期利润中的利得和损失金额的计量。

（四）利润的列示

利润项目应当列入利润表。

利润的质量特征：

1. 一定的盈利能力。它是企业一定时期的最终财务成果。

2. 利润结构基本合理。利润是按配比性原则计量的，是一定时期的收入与费用相减的结果。

3. 企业的利润具有较强的获取现金的能力。

4. 影响利润的因素较复杂，因为利润的计算含有较大的主观判断成分，其结果可能因人而异，所以具有可操纵性。

第四节　会计计量

会计计量是指为了在账户记录和财务报表中确认、计列有关财务报表要素，因此以货币或其他度量单位确定货币金额和其他数量的过程。

一、会计计量的要求

企业在将符合确认条件的会计要素登记入账并列报于会计报表及其附注（又称财务报表）时，应当按照规定的会计计量属性进行计量，从而确定其金额。

二、会计计量属性

计量属性是指所予计量的某一要素的特性方面或外在的表现形式。会计计量属性反映的是会计要素金额的确定基础，它主要包括了历史成本、重置成本、可变现净值、现值和公允价值等。

（一）历史成本

在历史成本计量下，资产按照购置时支付的现金或者现金等价物的金额，或者按照购置资产时所付出对价的公允价值计量。负债按照因承担现时义务而实际收到的款项或者资产的金额，或者承担现时义务的合同金额，或者按照日常活动中为偿还负债预期需要支付的现金或者现金等价物的金额计量。

（二）重置成本

在重置成本计量下，资产应当按照现在购买相同或者相似资产所需支付的现金或者现金等价物的金额计量。负债则应当按照现在偿付该项债务所需支付的现金或者现金等价物的金额计量。

（三）可变现净值

在可变现净值计量下，资产按照其正常对外销售所能收到的现金或者现金等价物的金额扣减该资产至完工时估计将要使用的成本、估计的销售费用以及相关税费后的金额计量。

（四）现值

在现值计量下，资产按照预计从其持续使用和最终处置中所产生的未来净现金流入量的折现金额计量。负债则应按照预计期限内需要偿还的未来净现金流出量的折现金额计量。

（五）公允价值

在公允价值计量下，资产和负债按照市场参与者在计量日发生的有序交易时，出售资产所能收到或者转移负债所需支付的价格来计量。

三、会计计量的标准

企业在对会计要素进行计量时，应当采用历史成本计量属性。如企业购置机器设备、购买原材料等存货类物资时，应当以购入资产时发生的实际成本作为资产计量的基础。

当然，历史成本计量属性在满足会计信息质量相关性要求上也存在着一定的缺陷，这就有必要采用如公允价值等其他计量属性进行会计计量，以提高会计信息的有用性。由于重置成本、可变现净值、现值、公允价值等计量属性在应用中需要依赖于估计。因此，为了不影响会计信息的可靠性，《企业会计准则——基本准则》中规定，除历史成本以外的其他计量属性在应用中应当保证所确定的会计要素金额能够取得并可靠计量。

第五节 财务会计报告

财务会计作为对外报告会计，目的是为了在企业管理层和外部会计信息使用者之间存在会计信息不对称的情况下，通过向外部会计信息使用者提供有用的会计信息，来帮助财务会计报告使用者做出相关决策。作为反映企业财务会计确认和计量的最终成果的财务会计报告，是沟通企业管理层与外部会计信息使用者之间的纽带。财务会计报告，是指企业对外提供的反映企业某一特定时期的财务状况和某一会计期间的经营成果、现金流量等会计信息的文件。财务会计报告的目标定位十分重要，它决定着财务会计报告应当向谁提供有用的会计信息，应当保护谁的经济利益，决定着财务会计报告中会计信息的质量要求，决定着会计要素的确认与计量原则，它是整个财务会计系统的核心与灵魂。

一、财务会计报告目标

我国《企业会计准则——基本准则》规定，财务会计报告的目标是向财务报告使用者提供与企业财务状况、经营成果和现金流量等有关的会计信息，反映企业管理层委托责任履行情况，也有助于财务报告使用者做出经济决策。具体包括两个方面的内容。

（一）向财务报告使用者提供决策有用的会计信息

向财务报告使用者提供决策有用的会计信息，满足会计信息使用者决策的要求是财务报告的主要目的。财务报告使用者主要包括投资者、债权人、政府及其有关部门和社会公众等。如果企业在财务报告中提供的会计信息与财务报告使用者的决策无关，那么财务报告就失去了其编制的意义。

根据向财务报告使用者提供决策有用的会计信息这一目标的要求，财务报告所提供的会计信息应当如实反映企业所拥有或者控制的经济资源、对经济资源的要求权以及经济资源要求权的变化情况；如实反映企业的各项收入、费用、利得和营失的金额及其变动情况；如实反映企业各项经营、投资和筹资活动等所形成的现金流入和现金流出情况等。才有助于现在的或者潜在的投资者正确、合理地评价企业的资产质量、偿债能力、盈利能力和营运效率等；有助于财务报告使用者根据相关会计信息做出理性的投资决策；有助于财务报告使用者评估与投资有关的未来现金流量的金额、时间和风险等。只有这样，市场才能得到重要的会计信息的引领，资本的有序、合理流动才能得到保障，财务报告使用者的正当利益才能得到保护，社会资源才能得到优化配置。

（二）反映企业管理层受托责任的履行情况

随着经济的发展，现代企业必然呈现"两权"分离，即所有权与经营权的分离。但是，两权分离造成了委托人与受托人之间对公司的经济、财务信息等方面产生明显的信息不对称。作为受托方的企业管理层负有受托责任，对于投资者投入的资本和向债权人借入的资金所形成的各项资产，有责任进行妥善的保管和合理、有效的运用。而作为委托方的企业投资者和债权人等需要及时或者经常性地了解企业管理层保管、使用资产的情况，以便于评价企业管理层的责任情况和业绩情况，并决定是否需要更换管理层，是否需要调整投资或者信贷策略等。所以，财务报告应当如实反映出企业管理层受托责任的履行情况，并借以评价企业的经营管理责任和资源使用的有效性。

二、财务会计报告的组成

财务会计报告包括财务报表和其他应当在财务会计报告中披露的相关信息和资料。

财务报表由报表本身及其附注两部分构成。报表是综合反映一定时期内财务状况和经营成果的文件，是财务会计报告的重要组成部分，是企业向外传递会计信息的主要途径，它应当包括资产负债表、利润表、现金流量表、所有者权益变动表等；附注是财务报表的有机组成部分。

小企业编制的报表可以不包括现金流量表。

（一）资产负债表

资产负债表是指反映企业在某一特定日期财务状况的会计报表。通过资产负债表可以了解企业的资产、负债和所有者权益的变动结果及其结构情况，了解企业是否具有充裕的偿债能力和利润分配能力。

（二）利润表

利润表是指反映企业在一定会计期间的经营成果的会计报表。通过利润表可以了解企业在一定期间内利润形成或亏损发生的情况，便于财务报告使用者了解企业的获利能力。

（三）现金流量表

现金流量表是反映企业在一定会计期间的现金和现金等价物流入和流出的会计报表。通过现金流量表可以了解企业一定时期内现金流入和流出的原因，从而有助于财务报告使用者评价企业的现金流和资金周转情况。

（四）所有者权益变动表

所有者权益变动表是反映构成所有者权益的各组成部分当期的增减变动情

况的会计报表。通过所有者权益变动表可以了解在一定时期内有关所有者权益变动的详细信息，如计入所有者权益的利得和损失会对所有者权益金额变动的影响等。

（五）附注

附注是指对财务报表中列示项目所做出的进一步说明，以及对未能在报表中列示项目的说明等。通过附注，有利于财务报告使用者更好地理解与使用报表信息，并相应地做出正确的判断和合理的抉择。并且作为财务报告的一部分，附注是必不可少的。

各个单位要根据有关法律、行政法规、部门规章等的规定对外提供财务报告。

第二章 资产

第一节 货币资金

一、库存现金的概述

（一）现金的含义

现金是货币资金的重要组成部分，是流动性最强的一种货币性资产，是立即可以投入流通的交换媒介，可以随时用其购买所需的物资、支付有关费用、偿还债务等，也可以将其随时存入银行。现金的概念有广义和狭义之分，广义的现金是指除了库存现金外，还包括银行存款和其他符合现金定义的票证。本书所指为狭义的现金，即企业的库存现金。

库存现金是指通常存放于企业财务部门的，由出纳人员经管的货币资金。

（二）现金管理的主要内容

1. 现金的使用范围

根据国家现金管理制度和结算制度的规定，企业收支的各种款项，应按照国务院颁发的《现金管理暂行条例》的规定应用，在规定的范围内使用现金，允许企业使用现金结算的范围如下：

（1）职工工资、津贴。

（2）个人劳务报酬。

（3）根据国家规定颁发给个人的科学技术、文化艺术、体育等各种奖金。

（4）各种劳保、福利费用，以及国家规定的对个人的其他支出。

（5）向个人收购的农副产品和其他物资支付的价款。

（6）出差人员必须随身携带的差旅费。

（7）结算起点（人民币 1000 元）以下的零星支出。

（8）中国人民银行确定的需要支付库存现金的其他支出。

属于上述现金结算范围的支出，企业可以根据需要从银行提取现金支付，不属于上述规定范围的款项支付则应通过银行进行转账结算。

2. 库存现金的限额

（1）现金的库存限额是指由开户银行核定的企业现金的库存最高额度。

（2）现金的库存限额由开户单位提出申请，由开户银行审查核定。

（3）现金的库存限额原则根据企业 3～5 天内的日常零星现金开支的需要确定。而边远地区和交通不发达地区可以适当放宽，但最多不超过 15 天。

（4）企业每日的现金结存数，不得超过核定的限额，超过部分必须及时送存银行；不足限额时，可签发现金支票向银行提取现金补足。

（5）库存现金限额一般每年核定一次，单位因生产和业务发展、变化需要增加或减少库存限额时，可向开户银行提出申请，经批准后，方可进行调整。单位不得擅自增加超出核定限额库存现金。

3. 现金日常收支的管理

在企业所拥有的资产中，现金的流动性最大，最容易被挪用或侵占，因此，企业必须加强对现金的管理，提高其使用效率，保护其完整、安全。

（1）企业现金的收入应于当日送存银行，当日送存银行确有困难的，由开户银行确定送存时间。

（2）企业收支现金时，可以从本单位库存现金限额中支付或者从开户银行提取，不得坐支现金。所谓坐支，就是指企业从本单位现金收入中直接支付现金的行为。因特殊情况需要坐支现金的，应当先上报开户银行审核批准，由开户银行核定坐支范围和限额。未经银行批准不得擅自坐支现金。

（3）企业签发现金支票从开户银行提取现金，应当写明用途，由本单位财会部门负责人签字盖章，经开户银行审核后，予以支付现金。

（4）企业因采购地点不固定、交通不便利以及其他特殊情况必须使用现金的，应先向开户银行提出申请，经开户银行审核后，予以支付现金。

（5）对现金收支应定期或者不定期进行清查，以做到账款相符。不得"白条顶库"；不得谎报用途套取现金；不准用银行账户代其他单位和个人存入和支取现金；不准用单位收入的现金以个人名义存入储蓄（公款私存）；不准保留账外公款（小金库）。

（三）库存现金的清查

为了保证现金的安全完整，企业应当按规定对库存现金进行定期和不定期的清查。库存现金的清查是指对库存现有现金的盘点和核对。

1. 库存现金的清查意义：就是对库存现金进行盘点，与账面进行核对，检查账款是否与之相符。

2. 库存现金的清查目的：是为了保证账款相符，防止现金丢失和收支记账时发生差错以及贪污盗窃和挪用公款等违法行为。

3. 清查方法：实地盘点法。包括出纳人员的每日终了的清点和清查小组进行的定期和不定期的盘点和核对。

4. 清查结果：将现金日记账的余额与库存现金实际数进行比较。包括账实相符合或账实不符。若不符，查找原因，编写"库存现金盘点报告表"，并对其进行账务处理。

（四）会计相关核算知识

1. 账户设置

为了总括反映企业库存现金的收支和结存情况，应设置"库存现金"科目。借方登记库存现金的增加数额，贷方登记库存现金的减少数额，余额在借方，表示库存现金的结存数额。"库存现金"总分类账可以根据有关收付款凭证直接登记，也可以根据科目汇总表、汇总记账凭证定期登记，这也取决于企业采用的会计核算形式。

2. 具体核算

（1）库存现金收支的核算

库存现金收支的核算包括总分类核算和明细分类核算。现金收支的总分类核算是通过设置"库存现金"账户进行的；现金收支的明细分类核算是通过设置"现金日记账"进行的。"现金日记账"是出纳人员按照现金业务发生的先后顺序逐日逐步登记的。每日终了，出纳人员应根据登记的"现金日记账"结余数与实际库存数进行核对，做到账款相符。月份终了，"现金日记账"的余额也必须与"库存现金"总账科目的余额核对相符。

企业发生每笔现金收入和现金支出业务时，都必须根据审核无误的原始凭证编制记账凭证，然后据以记账。凡收入现金时，应借记"库存现金"账户，贷记有关账户；凡支出现金时，应借记有关账户，贷记"库存现金"账户。"库存现金"账户的余额应反映库存现金的结存数额。

有外币现金的企业，应分别按人民币现金、外币现金设置"现金日记账"以此进行明细核算。

（2）库存现金的清查

现金清查过程中如果发现账款不符，应将库存现金短缺或溢余款通过"待处理财产损溢"科目进行核算。属于现金短缺，应按实际短缺的金额，借记"待处理财产损溢——待处理流动资产损溢"科目，贷记"库存现金"科目；属于现金溢余，应按实际溢余的金额，借记"库存现金"科目，贷记"待处理财产损溢——待处理流动资产损溢"科目。待查明原因后作如下处理：

如为现金短缺，属于应由责任人赔偿的部分，借记"其他应收款——应收现金短缺款（责任人姓名）"科目，贷记"待处理财产损溢——待处理流动资产损溢"科目；属于应由保险公司赔偿的部分，借记"其他应收款——应收保险赔款"科目，贷记"待处理财产损溢——待处理流动资产损溢"科目；属于无法查明的其他原因，根据管理权限，经批准后处理，借记"管理费用——现金短缺"科目，贷记"待处理财产损溢——待处理流动资产损溢"科目。

若为现金溢余，应借记"待处理财产损溢——待处理流动资产损溢"科目，属于应支付给有关人员或外单位的，贷记"其他应付款——应付现金溢余（××个人或单位）"科目；属于无法查明原因的现金溢余，经批准后，应借记"待处理财产损溢——待处理流动资产损溢"科目，贷记"营业外收入——现金溢余"科目。

二、银行存款

（一）银行存款的含义

按照国家有关规定，凡是独立核算的企业都必须在当地银行开设账户；企业在银行开设账户以后，除按核定的限额保留库存现金外，超出限额的现金必须将其存入银行；除了在规定的范围内可以用现金直接支付外，在经营过程中所发生的其他货币收支业务，也必须通过银行存款账户进行结算。

银行存款是指企业存入银行或其他金融机构账户上的货币资金。

（二）银行存款的管理

1. 银行存款账户的分类

企业银行存款账户根据用途不同可以将其分为基本存款账户、一般存款账户、临时存款账户、专用存款账户等。

（1）基本存款账户

基本存款账户是指企业办理日常转账结算和现金收付的账户。企业的工资、奖金等现金的支取，只能通过该账户进行办理。

（2）一般存款账户

一般存款账户是指企业因借款或者其他结算需要，在基本存款账户开户银行以外的银行营业机构开立的银行结算账户。本账户只能办理转账结算和现金缴存，但不能支取现金。开立基本存款账户的存款人可以开立一般存款账户。开立一般存款账户，实行备案制，无须中国人民银行核准。

（3）临时存款账户

临时存款账户是指企业临时生产经营活动所需要而开立的账户，企业可以通过本账户办理转账结算和根据国家现金管理规定办理现金收付。企业暂时性的转账、现金收付业务都可以通过本账户结算，如异地产品展销、临时性采购资金等。

（4）专用存款账户

专用存款账户是指企业因特定用途需要所开立的账户，办理各项专用资金的收付，如基本建设资金、住房基金、社会保障基金等。合格境外机构投资者在境内从事证券投资开设的人民币特殊账户和人民币结算资金账户（简称 QFII 专用存款账户）纳入专用存款账户管理。

中国人民银行对于基本存款账户、临时存款账户（因注册验资和增资验资而开立的除外）、预算单位专用存款账户和 QFII 专用存款账户实行核准制度。企业在银行开设账户后，可到开户银行购买在各种银行往来使用的凭证（如现金支票、转账支票、进账单、送款簿等），用以办理银行存款的收付。

存款人因主体资格终止撤销银行结算账户的，应先撤销一般存款账户、专用存款账户、临时存款账户，将账户资金转入基本存款账户后，方可办理基本存款账户的撤销。

2. 银行存款账户的设立和结算纪律

企业通过银行存款账户办理资金收付时，必须做到以下几点：

（1）一家企业只能选择一家银行的一个营业机构开立一个基本存款账户，不得在多家银行开立多个基本存款账户。

（2）企业银行存款账户，只供本企业业务经营范围内的资金收付，不准出租或出借给其他单位或个人使用。

（3）各种收付款凭证，必须如实填写款项的来源或用途，不得巧立名目，弄虚作假；不得套取现金，套购物资；严禁利用账户搞非法活动。

（4）在办理结算时，不准签发没有资金保证的票据或远期支票，套取银行信用；不准签发、取得和转让没有真实交易和债权债务的票据，套取银行和他人资金；不准无理拒付、随意占有他人资金；不准违规开立和使用账户。

（5）及时、正确地记录银行往来账务，并及时与银行寄来的账单进行核对，如若发现不符，尽快查对清楚。

（三）银行结算方式

根据中国人民银行结算办法规定，目前我国企业发生的货币资金业务主要采用以下 10 种结算方式，通过银行办理转账结算。

1. 银行汇票

（1）定义

银行汇票是指出票银行签发的，由其在见票时按照实际结算金额无条件支付给收款人或者持票人的票据。银行汇票可以用于转账，填明"现金"字样的银行汇票同样也可以用于支取现金。

（2）适用范围

同城和异地的单位和个人进行款项结算时，均可使用银行汇票。

（3）银行汇票结算的注意事项

①银行汇票一律记名，且允许背书转让（填明"现金"字样的除外），背书转让是指在票据上所做的以转让票据权利为目的的书面行为。

②银行汇票的提示付款期限为 1 个月，逾期的汇票兑付银行将一概不予受理。

③汇票申请人办理银行汇票，应向签发银行填写"银行汇票委托书"，填明收款人名称、汇票金额、申请人名称、申请日期等事项并签章，签发银行受

理并收妥款项后，由签发银行将汇票交给汇款人。

④汇票申请人持银行汇票向填明的收款人办理结算时，应将银行汇票和解讫通知一并交给收款人。

⑤收款人受理申请人交付的银行汇票时，应在出票金额范围内，根据实际需要的款项办理结算，并将实际结算金额和多余金额填入银行汇票和解讫通知的有关栏内。

⑥持票人向开户银行提出付款的申请时，应在汇票背面标有"持票人向银行提示付款签章"处签章，并将银行汇票和解讫通知等交送至开户银行，银行审查无误后办理转账。

2. 银行本票

（1）定义

银行本票是银行签发的，承诺在见票时无条件支付确定金额给收款人或持票人的票据。银行本票可以用于转账，注明"现金"字样的银行本票可以用于支取现金。

（2）分类

银行本票根据签发金额是否固定，可分为定额银行本票和不定额银行本票两种。定额银行本票面值为 1000 元、5000 元、10000 元和 50000 元不等。

（3）适用范围

单位和个人在同一票据交换区域的各种款项的结算可使用本票。

（4）特点

银行本票一律记名，允许背书转让。但出票人如果记载了"不得转让"字样，该本票不得转让。本票的提示付款期限自出票日起最长不得超过 2 个月。

3. 商业汇票

（1）定义

商业汇票是出票人（银行以外的企业或者其他组织）签发的，委托付款人在指定日期无条件支付确定的金额给收款人或者持票人的票据。

（2）分类

商业汇票根据承兑人的不同，可分为商业承兑汇票和银行承兑汇票。

①商业承兑汇票是指出票人以及银行以外的人为付款人，并由付款人予以承兑的票据。

②银行承兑汇票是指出票人以及银行为付款人，并由付款人（银行）予以

承兑的票据。

（3）适用范围

同城异地均可使用商业汇票。

（4）注意事项

①商业汇票一律记名，允许背书转让。

②商业汇票的付款期限，最长不超过6个月。

③商业汇票的提示付款期限，自汇票到期日起10日内。

④商业汇票的持票人可持未到期的商业汇票连同贴现凭证向银行申请贴现。

⑤只有在银行开立存款账户的法人以及其他组织之间，才能使用商业汇票。

4. 支票

（1）定义

支票是出票人签发的，委托银行或其他金融机构见票时无条件支付一定金额给收款人或持票人的票据。

（2）分类

①现金支票：只能支取现金。

②转账支票：只能转账。

③普通支票：可以支取现金，也可以转账。

④划线支票：普通支票在左上角画两条平行线的为划线支票。划线支票只能用于转账，不能用于支取现金。

（3）适用范围

单位、个人在同城或异地的各种款项结算均可使用支票。

（4）特点

手续简便、结算灵活。

（5）支票结算时应注意的问题

①支票一律记名，可以背书转让。

②支票的提示付款期限自出票日期10天内有效，中国人民银行另有规定的除外。

③支票的金额、收款人名称，可以由出票人授权补记。未补记前不得背书转让和提示付款。

④签发支票应使用钢笔或碳素笔填写，中国人民银行另有规定的除外。

⑤出票人不得签发空头支票。签发空头支票的，银行除退票外，还有按票面金额的 5% 但不低于 1000 元的金额罚款。

⑥不得签发与其预留银行印章不符的支票；适用于支付密码的，不得签发密码错误的支票。

⑦存款人领购支票，必须填写"票据和结算凭证领用单"并签章。签章应与银行预留的签章相符。存款账户结清时，必须将剩余全部空白支票交回银行注销。

5. 汇兑

（1）定义

汇兑结算方式是由汇款人（付款企业）委托银行将其款项支付给收款人的结算方式。这种结算方式划拨款项简便、灵活，不受金额起点的限制。

（2）分类

汇兑分为信汇和电汇两种。信汇是指汇款人委托银行通过邮寄方式将款项划转给收款人；电汇是指汇款人委托银行通过电报或其他电子方式将款项划转给收款人，两种方式可由汇款人根据需要自行选择使用。

（3）适用范围

适用于单位或个人异地之间的各种款项的结算。

6. 委托收款

（1）定义

委托收款是由收款人向其开户银行提供收款依据，委托银行向付款人收取款项的一种结算方式。

（2）分类

委托收款结算款项的划分方式，分为邮寄和电报两种，由收款人选用，不受金额起点的限制。

（3）适用范围

同城异地均可以使用。

（4）注意事项

付款单位收到银行交给的委托收款凭证及债务证明，应签收并在 3 日内审查债务证明是否属实，确认之后通知银行付款。如未通知银行，银行视企业同意付款，并在第 4 日银行开始营业时，将款项主动划转给收款人开户银行。

7. 托收承付

（1）定义

托收承付是根据购销合同由收款人发货后委托银行向异地付款人收取款项，由付款人向银行承诺付款的一种结算方式。

（2）分类

托收承付结算款项的划回办法，分为邮寄和电报两种。托收承付结算每笔的金额起点为 10000 元，新华书店系统每笔的金额起点为 1000 元。

（3）适用范围

①使用托收承付结算方式的收款单位和付款单位，必须是国有企业、供销合作社以及经营管理较好，并经开户银行审查同意的城乡集体所有制工业企业等。

②办理托收承付的款项，必须是商品交易，以及因商品交易而产生的劳务供应的款项。代销、寄销、赊销商品的款项，不得办理托收承付结算。

③收付双方使用托收承付结算必须签有符合《中华人民共和国合同法》（以下简称《合同法》）规定的买卖合同，并在合同上注明使用异地托收承付结算方式。

④收款人办理托收，必须具有商品确已发运的证件（包括铁路、航运、公路等运输部门签发的运单等）。没有发运证件，可凭其他相关证件办理。

⑤收付双方办理托收承付结算时，必须重合同、守信用。

（4）托收承付结算方式可分为托收和承付两个阶段

托收：销货单位按合同发运商品，办妥发货手续后，根据发货票、代垫运杂费单据等填制"托收承付结算凭证"，连同发货票、运单一并送交开户银行办理托收。开户银行接到托收凭证及其附件后，应认真进行审查。对审查无误，同意办理的，应将托收凭证的回单联盖章后退回销货单位。

承付：购货单位收到银行转来的托收承付结算凭证及所附单证后，应在规定的承付期内进行审查核对，分为验单付款和验货付款两种。验单付款承付期为 3 天，从付款人开户银行发出承付通知的次日算起。验货付款的承付期为 10 天，从运输部门向付款人发出提货通知的次日算起。

（5）拒绝付款的处理

付款人在承付期内，对如下情况，可向银行提出全部或部分拒绝付款：

①没有签订买卖合同或未订明托收承付结算方式买卖合同的款项。

②未经双方事先达成协议，收款人提前交货或因逾期交货，付款人不需要支付该项货物的款项。

③未按合同规定的到货地址发货的款项。

④代销、寄销、赊销商品的款项。

⑤验单付款时，发现所列货物的品种、数量、价格与合同规定不符；或验货付款，经查验货物与合同规定或发货清单不符的款项。

⑥货款已经支付或计算有错误的款项。

付款人对以上情况提出拒绝付款时，必须填写"拒绝付款理由书"，并加盖单位公章，注明拒绝付款理由。开户银行经审查，若认为拒付理由不成立，均可不受理，实行强制扣款。

8. 信用证

（1）定义

信用证是指开证行依照申请人的申请开出的，凭符合信用证条件的单据支付的付款承诺，并明确规定该信用证为不可撤销、不可转让的跟单信用证。

（2）适用范围

信用证结算方式是国际结算的主要方式之一。经中国人民银行批准经营结算业务的商业银行总行，以及经商业银行总行批准开办信用证结算业务的分支机构，也可以办理国内企业之间商品交易的信用证结算业务。

（3）特点

①信用证与其作为依据的买卖合同相互独立。银行处理信用证业务时，不受买卖合同的约束。

②信用证一般为不可撤销、不可转让的跟单信用证。"不可撤销"是指信用证开具后在有效期内，非经信用证各有关当事人（即开证行、开证申请人和受益人）的同意，开证行不得修改或者撤销。"不可转让"是指受益人不能将信用证的权利转让给他人。

③信用证付款方式为即期付款、延期付款和议付。延期付款期限最长不得超过 6 个月。

④信用证只用于转账结算，不得支取现金。

采用信用证结算方式时需要收款单位收到信用证后，即备货装运，签发有关发票账单时，连同运输单据和信用证，送交银行，根据退还的信用证等有关凭证编制收款凭证；付款单位在接到开证行的通知时，根据付款的有关单据编制付款凭证。

9. 银行卡

（1）定义

银行卡是由商业银行（含邮政金融机构）向社会发行的具有消费信用、转账结算、存取现金等全部或部分功能的信用支付工具。

（2）分类

①银行卡按照是否给予持卡人授信额度，可分为信用卡和借记卡两种

信用卡分为贷记卡和准贷记卡。贷记卡指的是发卡银行给予持卡人一定信用额度，持卡人可在信用额度内先消费、后还款；准贷记卡是持卡人须先交存一定金额的备用金，当备用金账户余额不足支付时，可在发卡银行按规定的信用额度内透支。

借记卡分为转账卡、专用卡和储值卡。转账卡具有转账结算、存取现金和消费功能；专用卡具有专门用途，在特定区域使用，具有转账结算、存取现金功能；储值卡是发卡银行根据持卡人要求将资金转至卡内储存，交易时直接从卡中扣款。

②银行卡按使用对象可分为单位卡和个人卡两种

凡申领单位卡的单位，必须在中国境内金融机构开立基本存款账户，凭中国人民银行核发的开户许可证申领单位卡。单位卡的资金一律从其基本存款账户转账存入，不得交存现金，不得将销货收入的款项存入账户中。单位卡不得用于 10 万元以上的商品交易或劳务供应款项的结算。单位卡一律不得透支，不得支取现金。

10. 电子支付

（1）定义

电子支付是指单位、个人（即客户）直接或授权他人通过电子终端发出支付指令时，实现货币支付与资金转移的行为。这里的"电子终端"是指客户可用于发起电子支付指令的计算机、电话、销售点终端、自动柜员机、移动通讯工具或其他电子设备。

（2）特点

与传统支付方式相比，电子支付具有以下显著特点：

①虚拟性；②开放性；③快捷性。

（3）种类

①网上支付：是指通过互联网完成支付的行为和过程。通常仍须以银行为中介。

②移动支付：指利用移动电话采取编发短信或拨打某个号码的方式实现支付。移动支付系统主要涉及三方：消费者、商家和无线运营商。

（四）会计相关核算知识

1. 账户设置

为了总体反映企业银行存款的收支和结存情况，应设置"银行存款"账户。该账户属于资产类，企业将款项存入银行或其他金融机构时，借记"银行存款"，贷记"库存现金"有关账户；提取存款时，借记"库存现金"，贷记"银行存款"账户。期末借方金额表示银行存款的实有数额。

企业在银行的其他存款，如外部存款、银行汇票存款、银行本票存款、信用证存款等，在"其他货币资金"账户核算，不在"银行存款"账户核算。

2. 具体核算

银行存款的核算包括银行存款的总分类核算和银行存款的序时核算。

（1）银行存款的总分类核算

"银行存款"总账与"库存现金"总账一样，应由不从事出纳工作的会计人员负责登记。登记时，既可以根据银行存款收付款凭证逐笔登记，又可以定期编制汇总收付款凭证登记，还可以根据多栏式银行存款日记账汇总登记，这取决于企业采用的会计核算形式。

（2）银行存款的序时核算

为了加强对银行存款的管理，随时掌握银行存款收付的动态和结余数额，企业可按开户银行和其他金融机构、存款种类等设置"银行存款日记账"。银行存款日记账采用订本式，可以选择"三栏式"或"多栏式"账页，由出纳人员根据审核无误的银行存款收、付款凭证和原始凭证，按照银行存款收付业务产生的先后顺序逐日、逐笔、序时登记。每日终了，计算出银行存款收入合计、支出合计及结余数。"银行存款日记账"应定期与"银行对账单"核对，至少每月核对一次。月份终了，"银行存款日记账"的余额必须与"银行存款"总账的余额核对相符。

（3）银行存款的清查

为了防止银行存款账面发生差错，准确掌握银行存款的实际金额，企业应按期对账，即将银行存款日记账的记录同银行对账单进行逐笔核对。银行存款日记账的核对主要包括三个环节：一是银行存款日记账与银行存款收款、付款凭证要互相核对，做到账证相符；二是银行存款日记账与银行存款总账要互相核对，做到账账相符；三是银行存款日记账与银行开出的银行存款对账单要相互核对，以便准确地掌握企业可动用的银行存款实有数。核对时若发现双方余额不一致，除记账错误外，还可能是未达账项引起的。

未达账项是指企业与银行之间，由于凭证传递上的时间差，存在一方已登记入账，而另一方尚未登记入账的账项。由于企业、银行间存款收支凭证的传递需要一定时间，因而同一笔业务企业和银行各自入账的时间不一定相同，在同一日期，企业账上银行存款的余额与银行账上企业存款的余额往往不一致。这种差别可分为银行未达账和企业未达账两大类，具体为以下四种类型。

银行未达账项

①企业已登记银行存款增加，而银行尚未办妥收款手续（简称：企收银未收）。

②企业已登记银行存款减少，而银行尚未办妥付款手续（简称：企付银未付）。

企业未达账项

①银行已登记企业存款增加，而企业尚未收到收款通知，没有入账（简称：银收企未收）。

②银行已登记企业存款减少，而企业尚未收到付款通知，没有入账（简称：银付企未付）。

核对过程中发现存在上述未达账项时，应编制"银行存款余额调节表"进行调节。已达方的款项，无须调整。调节时，哪方未达调哪方，调的时候看已达方，已达方做收则未达方做收，已达方做减则未达方做减。具体调节的方法是在未达账那一方的账面余额的基础上，加上应收的未达账项，减去应付的未达账项，计算出调节后的余额。如果双方调节后的余额一致，说明企业银行存款日记账与其开户银行的对账单不一致的原因是存在未达账项，一般认为双方记账没有错误；如果双方调节后的余额不一致，说明双方账面记录有误，需进一步核对账目，找出原因，更正错账。

三、其他货币资金

(一) 其他货币资金的含义

其他货币资金是指企业除库存现金、银行存款以外的各种货币资金。

(二) 其他货币资金的种类

1. 外埠存款

外埠存款是指企业到外地进行临时或零星采购时，汇往采购地银行开立采购专户的款项。企业汇出款项时，须填写汇款委托书，加盖"采购资金"字样。汇入银行对汇入的采购款项，以汇款单位的名义开立临时采购账户。该账户存款不计利息、只付不收、付完注销。除采购员差旅费用可以支取少量现金外，其他支出一律转账。

2. 银行汇票存款

银行汇票存款是指企业为取得银行汇票，按照规定存入银行的款项。除去可以支取少量现金外，其他一律转账。

3. 银行本票存款

银行本票存款是指企业为取得银行本票，按照规定存入银行的款项。银行本票和银行汇票的核算程序和核算方法基本相同。可以支取少量现金外，其他支出一律转账。

4. 信用卡存款

信用卡存款是指为取得信用卡存入银行信用卡专户的款项。信用卡是银行卡的一种。

5. 信用证保证金存款

信用证保证金存款是指采用信用证结算方式的企业为开具信用证而存入银行信用证保证金专户的款项。企业向银行申请开立信用证，应按规定向银行提交开证申请书、信用证申请人承诺书和购销合同。

6. 存出投资款

存出投资款是指企业为购买股票、债券和基金等，根据有关规定存在证券公司指定银行开立的投资款专户的款项。

（三）会计相关核算知识

1. 账户设置

为了总体反映其他货币资金的增减变动和结余情况，应设置"其他货币资金"科目，借方登记其他货币资金的增加数额，贷方登记其他货币资金的减少数额，余额在借方，表示其他货币资金的结余数额。

2. 具体核算

其他货币资金应按照其种类设置明细账，进行明细核算。

第二节　交易性金融资产

一、金融资产概述

（一）金融资产的概念

金融资产是指企业持有的现金、其他方的权益工具以及符合下列条件之一的资产：

1. 从其他方收取现金或其他金融资产的合同权利。例如，企业的银行存款、应收账款、应收票据和贷款等均属于金融资产；预付账款不是金融资产，因其产生的未来经济利益是商品或服务，所以没有收取现金或其他金融资产的权利。

2. 在潜在的有利条件下，与其他方交换金融资产或金融负债的合同权利。例如，企业持有的看涨期权或看跌期权。

3. 将来须用或可用企业自身权益工具进行结算的非衍生工具合同，且企业根据该合同能收到可变数量的自身权益工具。

4. 将来须用或可用企业自身权益工具进行结算的非衍生工具合同，但以固定数量的自身权益工具交换固定金额的现金或其他金融资产的衍生工具合同除外。其中，企业自身权益工具不包括按照《企业会计准则第 37 号——金融工具列报》分类为权益工具的可回售工具或发行方仅在清算时才有义务向另一方按比例交付其净资产的金融工具，也不包括本身就要求在未来收取或交付企业自身权益工具的合同。

（二）金融资产的分类

金融资产和金融负债的分类是确认和计量的基础。企业应当根据管理金融资产的业务模式和金融资产的合同的现金流量特征，对金融资产进行合理的分类。金融资产一般划分为以下三类：

1. 以摊余成本计量的金融资产。

2. 以公允价值计量且变动计入其他综合收益的金融资产。

3. 以公允价值计量且变动计入当期损益的金融资产。

企业应当结合自身业务特点和风险管理要求，对金融负债进行合理的分类。对金融资产和金融负债的分类一经确定时，不得随意变更。

此内容只涉及以公允价值计量且变动计入当期损益的金融资产中的交易性金融资产的内容和账务处理。

二、交易性金融资产概述

（一）交易性金融资产的含义

交易性金融资产属于金融资产中的以公允价值计量且变动计入当期损益的金融资产。主要是指企业近期内出售的金融资产，例如，企业以赚取差价为目的从二级市场购入的股票、债券、基金等，都属于交易性金融资产。

（二）交易性金融资产的特点

1. 具备较强的变现能力

作为交易性金融资产均有活跃的市场报价，这是能够随时变现的前提。交易性金融资产的流动性仅次于现金，也是企业剩余资金存放的主要形式。

2. 持有交易性金融资产的目的是为了赚取差价

交易性金融资产保证了资金的流动性和获利性，企业是为了利用生产经营过程中暂时闲置的资金获得一定的收益而持有交易性金融资产，而不是为了长期持有或为了控制被投资企业。

（三）会计相关核算知识

1. 账户设置

为了核算交易性金融资产的取得、收取现金股利或利息等业务时，应设置的账户有"交易性金融资产""公允价值变动损益""投资收益"等科目。

"交易性金融资产"科目。核算企业为交易目的所持有的债券投资、股票投资、基金投资等交易性金融资产的公允价值。借方登记交易性金融资产的取得成本以及资产负债表日其公允价值高于账面余额的差额，贷方登记资产负债表日其公允价值低于账面余额的差额以及企业出售交易性金融资产时结转的成本和公允价值变动损益。余额在借方，反映为企业持有的交易性金融资产的公允价值。本科目按交易性金融资产的类别和品种，分别设置"成本""公允价值变动"等进行明细核算。

"公允价值变动损益"科目。核算企业交易性金融资产等公允价值变动形成的应计入当期损益的利得和损失。贷方登记资产负债表为企业持有的交易性金融资产等的公允价值高于账面余额的差额，借方登记资产负债表日企业持有的交易性金融资产等的公允价值低于账面余额的差额。期末，应将本科目的余额转入"本年利润"科目，结转后本科目应为无余额状态。本科目按交易性金融资产、交易性金融负债等进行明细核算。

"投资收益"科目。核算企业确认的投资收益或投资损失。贷方登记企业出售交易性金融资产等实现的投资收益，借方登记企业出售交易性金融资产等发生的投资损失。期末，应将本科目的余额转入"本年利润"科目，结转后本科目应为无余额状态。本科目按投资项目进行明细核算。

2. 具体核算

（1）交易性金融资产的取得

企业初次取得交易性金融资产，按取得时的公允价值，借记"交易性金融资产——成本"科目，按发生交易费用，借记"投资收益"科目，按已宣告但尚未发放的现金股利或已到付息期但尚未领取的利息，借记"应收股利"或"应收利息"科目，按实际支付的金额，贷记"其他货币资金——存出投资款"等科目。

注意：企业取得交易性金融资产所发生的交易费用，如果取得了增值税专用发票，进项税额经认证后可以从当期销项税额中扣除。交易费用是指可直接归属于购买、发行或处置金融工具的增量费用。增量费用是指企业没有购买、发行或处置相关金融工具的情形就不会发生的费用，包括支付给代理机构、咨询公司、券商、证券交易所、政府有关部门等的手续费、佣金、相关税费以及其他必要支出，不包括债券溢价、折价、融资费用、内部管理成本和持有成本等与交易非必要的费用。

（2）交易性金融资产持有期间的现金股利或利息的会计处理

企业持有交易性金融资产期间的会计处理，交易性金融资产持有期间被投资单位宣告发放的现金股利，或在资产负债表日按分期付息、一次还本债券投资的票面利率计算的利息，借记"应收股利"或"应收利息"科目，贷记"投资收益"科目。

（3）交易性金融资产的期末计量

资产负债表日，交易性金融资产应当按照公允价值计量，公允价值与账面余额之间的差额应计入当期损益。如果交易性金融资产公允价值高于账面余额，将其差额记入"交易性金融资产——公允价值变动"科目的借方，同时记入"公允价值变动损益"科目的贷方；如果交易性金融资产公允价值低于账面余额，将其差额记入"交易性金融资产——公允价值变动"科目的贷方，同时记入"公允价值变动损益"科目的借方。

（4）交易性金融资产的处置

企业出售交易性金融资产时，应将出售交易性金融资产的公允价值与其账面余额之间的差额确认为当期投资收益，同时将原计入公允价值变动损益的该金融资产的公允价值变动转出，由公允价值变动损益转为投资收益。

在进行会计处理时，企业按实际收到的金额，记入"其他货币资金"科目的借方，按办理时交易性金融资产的账面余额，记入"交易性金融资产"科目的贷方，将实际收到的金额与交易性金融资产账面余额的差额记入"投资收益"科目的借方或贷方。同时，将原计入该金融资产的公允价值变动转出，借记或贷记"公允价值变动损益"科目，借记或贷记"投资收益"科目。

注意：金融商品转让按照卖出价扣除买入价后的余额作为销售额计算增值税，即转让金融产品按盈亏相抵后的余额作为销售额。若相抵后出现负差，可结转下一纳税期并与下期转让金融商品销售额互抵，但如果年末仍然出现负差的，不得转入下一个会计年度。

转让金融资产当月月末，如产生转让收益，则按应纳税额，借记"投资收益"等科目，贷记"应交税费——转让金融商品应交增值税"科目；如产生转让损失，则可按结转下月抵扣税额，借记"应交税费——转让金融商品应交增值税"科目，贷记"投资收益"等科目。

年末，如果"应交税费——转让金融商品应交增值税"科目有借方余额，说明本年度的金融商品转让损失已无法弥补，且本年度的金融资产转让损失不可转入下年度继续抵减转让金融资产的收益，因此，应借记"投资收益"等科目，贷记"应交税费——转让金融商品应交增值税"科目，将"应交税费——转让金融商品应交增值税"科目的借方余额转出。

第三节　应收及预付款项

一、应收票据概述

（一）应收票据的含义

应收票据是指企业因销售商品提供劳务等而收到的商业汇票。在我国，除商业汇票是远期票据外，大部分票据都是即期票据，是可以即刻收款或存入银行成为货币资金，不需要作为应收票据核算。因此，我国会计实务中作为应收票据核算的是商业汇票。

（二）商业汇票的分类

商业汇票按照承兑人不同，分为商业承兑汇票和银行承兑汇票。商业承兑汇票是指出票人记载银行以外的人为付款人，并由付款人予以承兑的票据。商业承兑汇票的出票人可以是收款人，也可以是付款人，但承兑人必须是付款人。商业承兑汇票到期时，付款人直接向收款人付款；银行承兑汇票是指出票人记载银行为付款人，并由银行（付款人）予以承兑的票据。银行承兑汇票到期时，由承兑银行向收款人付款，然后承兑银行再从承兑申请人的账户中划转这笔款项，如果承兑申请人的银行余额不足，则开户银行就可以将这笔款项转为短期贷款，并加收利息。

商业汇票按照是否计息可分为不带息商业汇票和带息商业汇票两种。不带息商业汇票，是指商业汇票到期时，承兑人只按票面金额（即面值）向收款人或被背书人支付款项的票据；带息商业汇票是指商业汇票到期时，承兑人必须按票面金额加上应计利息向收款人或被背书人支付票款的票据。

（三）会计相关核算知识

1. 账户设置

为了总括反映应收票据取得、票款收回等情况，企业应设置"应收票据"科目。借方登记取得的应收票据的面值以及计提的票据利息；贷方登记票据到期收回票款或到期前向银行贴现的应收票据的票面余额；期末余额在借方，反映企业持有的商业汇票的票面余额。本科目可按照开出、承兑商业汇票的单位进行明细核算，并设置"应收票据备查簿"，逐笔登记每一商业汇票的种类、号数和出票日、票面金额、交易合同号等和付款人、承兑人、背书人的姓名或单位名称、到期日、背书转让日、贴现日、贴现率和贴现净额以及收款日和收回金额、退票情况等资料。商业汇票到期结清票款或退票后，在备查簿中应予以注销。

2. 具体核算

应收票据一般按面值计价，即企业收到应收票据时，应按照票据的面值入账。应收票据的核算主要包括应收票据的取得、收回、转让、贴现等业务。

（1）不带息应收票据的取得和收回

收到不带息商业汇票时，按应收票据的面值，借记"应收票据"科目，按实现的销售收入，贷记"主营业务收入"科目，按增值税专用发票上注明的增值税额，贷记"应交税费——应交增值税（销项税额）"科目。票据到期收回时，按实际收到的金额，借记"银行存款"科目，按票据的面值，贷记"应收票据"科目。当商业承兑汇票到期，承兑人违约拒付或无力偿还票款时，收款企业应将到期票据的票面价值转入"应收账款"科目。

（2）带息应收票据的取得和收回

带息应收票据到期，收取的款项等于应收票据的票面价值加上票据利息。应收票据利息的计算公式为：应收票据利息 ＝ 应收票据的面值 × 利率 × 期限

上式中，利率一般用年利率表示。"期限"指出票日至到期日的时间间隔，一般用月或日表示。

票据期限按月表示时，应以到期月份中与出票日相同的那一天为到期日。如 5 月 15 日签发的一个月票据，到期日应为 6 月 15 日。月末签发的票据，不

论月份大小，以到期月份的月末为到期日。与此同时，计算利息使用的利率要换算成月利率（年利率÷12）。

票据期限按日表示时，应从出票日起按实际经历天数计算。通常出票日和到期日，只能计算其中的一天，即"算头不算尾"或"算尾不算头"。例如，6月20日签发的90天票据，求到期日。应为：9月18日［6月10天（30-20）+7月31天+8月31天+9月18天=90天］；反之，如果已知票据的出票日和到期日，计算该票据的期限也用上述方法。同时，计算利息使用的利率，要换算成日利率（年利率÷360）。

收到带息商业汇票时，按应收票据的面值，借记"应收票据"科目，按实现的销售收入，贷记"主营业务收入"等科目，按增值税专用发票上注明的增值税额，贷记"应交税费——应交增值税（销项税额）"科目。带息票据到期收回时，按实际收到的本息和，借记"银行存款"科目，按票据的账面余额，贷记"应收票据"科目，按其差额（未计提利息部分），贷记"财务费用"科目。到期不能收回的带息应收票据转入"应收账款"科目并核算后，期末不再计提利息，其所包含的利息，应在有关备查簿中进行登记，待实际收到时，再冲减当期的财务费用。

（3）应收票据转让

应收票据转让是指持票人因偿还前欠货款、购买物资等原因，将自己持有的未到期的商业汇票背书转让给其他单位或个人的业务活动。背书是指持票人在票据背面签字，签字人称为"背书人"，背书人对票据的到期付款具有连带责任。

企业将持有的应收票据背书转让以取得所需物资时，按应计入物资成本的价值，借记"在途物资""材料采购""原材料""库存商品"等科目，按专用发票上注明的增值税，借记"应交税费——应交增值税（进项税额）"科目，按应收票据的账面余额，贷记"应收票据"科目，如有差额，借记或贷记"银行存款"科目。

（4）应收票据的贴现

企业持有的应收票据在到期前，如果需要资金，可以持未到期的商业汇票背书转让给开户银行，即以"贴现"形式获得所需资金。"贴现"就是指票据持有人将未到期的商业汇票在背书后送交银行，银行受理后从票据到期值中扣除按银行贴现率计算确定的贴现利息，然后将贴现净额付给持票人的一种票据转让行为。票据贴现是金融机构向持票人融通资金的一种方式。

应收票据贴现有两种情况，一种是带追索权；另一种是不带追索权。不带追索权，视同应收债权的出售，当付款人不按期付款时，银行不可向背书企业索偿。如果是带追索权，视同应收债权为质押取得借款，当付款人不按期付款时，银行可向背书企业索偿。根据《票据法》规定：我国应收票据贴现到期时，如果商业汇票的付款人未按期付款，贴现银行可以向申请贴现的企业行使追索权，即申请贴现的企业对贴现银行收回该笔款项具有连带责任。因此，我国应收票据贴现一般都是带追索权的。

票据贴现的有关计算公式如下：

票据到期值 = 票据面值 × （1+ 年利率 × 票据到期天数 ÷360）

或

票据到期值 = 票据面值 × （1+ 年利率 × 票据到期月数 ÷12）

贴现天数 = 票据贴现日至票据到期日实际经历的天数

贴现息 = 票据到期值 × 贴现率 × 贴现天数 ÷360

贴现净额 = 票据到期值 − 贴现息

对上述公式，需要说明两点：一是对于不带息票据来说，票据的到期价值就是其面值；二是如果贴现企业与承兑企业不在同一票据交换区域时，计算贴现天数时应另加 3 天的划款天数。

如果企业持未到期的银行承兑汇票向银行贴现时，视为将票据转让给银行，即应按扣除其贴现息后的净额，借记"银行存款"科目，按应收票据的账面余额，贷记"应收票据"科目，差额记"财务费用"科目。

企业持未到期的商业承兑汇票向银行贴现，应按扣除其贴现息后的净额，借记"银行存款"科目，按应收票据的到期值，贷记"短期借款"科目，差额记"财务费用"科目。票据到期时，付款人付款，借记"短期借款"科目，按应收票据的账面余额，贷记"应收票据"科目，如有差额记"财务费用"科目。如果票据到期，付款人拒绝付款，由于贴现企业具有连带责任，贴现银行会向贴现企业扣划款项，借记"短期借款"科目，贷记"银行存款"科目，同时借记"应收账款"科目，按应收票据的账面余额，贷记"应收票据"科目。

二、应收账款概述

（一）应收账款的含义

应收账款是指企业因销售商品、提供劳务等所形成的应向购货单位或接受劳务单位收取的款项，包括销售商品或提供劳务的价款、增值税额、代购货单位或接受劳务单位垫付的运杂费等。

企业在非购销活动中产生的应收款项，如企业与外单位之间的各种应收罚款、赔款、存出保证金，以及应向职工收取的各种垫付款项等，不属于应收账款而应属于其他应收款。企业购销活动中采用商业汇票结算的款项，也不属于应收账款而属于应收票据。

（二）应收账款的确认与计价

应收账款应于收入实现时予以确认，即以销售收入确认的时间作为应收账款的入账时间。关于收入实现的具体条件见本书收入模块相关内容。

应收账款的计价就是确定应收账款的入账金额。按照历史成本计量属性，应收账款应按实际发生额（包括发票金额和代购单位垫付的包装费、运杂费等）计价入账。如果企业在销售过程中存在商业折扣和现金折扣，应收账款的计量就需要考虑商业折扣和现金折扣等因素。

1. 商业折扣

商业折扣是指企业根据市场供需情况，针对不同的客户，在商品标价上给予的扣除。商业折扣是数量折扣，是企业为了鼓励客户加大购买量而采用的销量越多、价格越低的促销手段，以达到"薄利多销"的目的。

商业折扣通常用百分比表示，扣除商业折扣后的价格才是商品的实际售价。购买方应付的货款和销售方应收的货款都是按扣除商业折扣后的价格计算。例如，甲企业销售 B 产品，产品价目表所列出的 B 产品的单价为 300 元，但对购买量达 500 件者给予 10% 的商业折扣。2019 年 6 月，乙企业一次性从甲企业购买 B 产品 600 件，则甲企业销售 600 件 B 产品销售单价为 270 元（300−300 × 10%），应收货款 162000 元（270 × 600）。由此可见，商业折扣在交易发生时即已确定，它仅仅是确定实际销售价格的一种手段，不必在买卖双方中任何一方的账上进行反映。因此，在存在商业折扣的情况下，企业应收账款入账金额应按扣除商业折扣后的实际售价确认。

2. 现金折扣

现金折扣是指债权人为鼓励债务人在规定的期限内付款，而向债务人提供的债务扣除。现金折扣通常发生在以赊销方式销售商品及提供劳务的交易中。企业为了鼓励客户提前偿付货款，通常与债务人达成协议，债务人在不同期限内付款可享受不同比例的折扣。现金折扣一般用公式"折扣率/付款期限"表示。例如，"2/10、1/20、n/30"表示买方在 10 天内付款给予 2% 的折扣；在 20 天内付款给予 1% 的折扣；在 30 天内付款则不给折扣。现金折扣发生在销售之后，折扣是否发生要视债务人的付款时间而定。因此，存在现金折扣的情况下，应收账款入账金额的确认有两种方法：一种是总价法，另一种是净价法。

总价法是按未减去现金折扣的发票金额作为应收账款的入账价值。只有客户在折扣期内支付货款时，现金折扣才予以确认。在这种方法下，销货方把给予客户的现金折扣视为融资的理财费用，会计上作为财务费用处理。

净价法是按减去现金折扣后的金额作为应收账款的入账价值。这种方法是把客户取得折扣的现象视为正常现象，认为客户一般都会提前付款，而将由于客户超过折扣期而多收入的金额，视为企业的理财收益，冲减财务费用。

在我国会计实务中，对含有现金折扣的应收账款采用总价法进行核算。

（三）会计相关核算知识

1. 账户设置

为了总括反映应收账款的增减变动及其结存情况，企业应设置"应收账款"科目，不单独设置"预收账款"科目的企业，预收的账款也在"应收账款"科目核算。"应收账款"科目借方登记应收账款的增加；贷方登记应收账款的收回及确认坏账的损失；余额在借方，反映企业尚未收回的应收账款，余额在贷方，一般反映企业预收的账款。本科目按债务人进行明细核算。

2. 具体核算

无商业折扣和现金折扣情况下应收账款的账务处理

没有商业折扣和现金折扣的情况下，企业发生应收账款时按应收的全部金额，借记"应收账款"科目，按实现的营业收入，贷记"主营业务收入""其他业务收入"等科目，按增值税专用发票上注明的增值税额，贷记"应交税费——应交增值税（销项税额）"科目。收回应收账款时，借记"银行存款"等科目，贷记"应收账款"科目。企业帮购货单位垫付的包装费、运杂费等也通过"应收账款"科目进行核算。

三、预付账款概述

预付账款是指企业按照购货合同或劳务合同规定，预先支付给供货方或提供劳务方的款项。企业预付货款后，有权要求对方按照购货合同规定发货。预付账款作为企业的一项债权，与其他债权的不同之处在于，将来应收回的不是货币资金，而主要是材料、商品等非货币性资产。

（一）会计相关核算知识

1.账户设置

为了总括反映预付账款的增减变动及其结存情况，企业应当设置"预付账款"科目。借方登记预付、补付的款项，贷方登记收到所购货物时应结转的预付款项及退回的多付款项，期末余额在借方，表示企业实际预付的款项；余额在贷方，则表示企业尚未补付的款项，即应付款项。本科目应按供应单位进行明细核算。预付账款不多的企业，可以不设置"预付账款"科目，而将预付的款项并入"应付账款"科目进行核算。

2.具体核算

企业按购货合同的规定预付款时，按预付金额，借记"预付账款"科目，贷记"银行存款"科目。企业收到预定的货物时，根据发票账单上表明的应计入购货成本的金额，借记"原材料"等科目，在增值税专用发票上注明的增值税，借记"应交税费——应交增值税（进项税额）"科目，按应付的金额，贷记"预付账款"科目；补付货款时，借记"预付账款"科目，贷记"银行存款"科目。收回多预付的款项，借记"银行存款"科目，贷记"预付账款"科目。

四、其他应收款概述

（一）其他应收款的含义

其他应收款是企业应收款项的另一重要组成部分。是企业除应收账款、应收票据、预付账款等以外的其他各种应收及暂付款项。

（二）其他应收款包括的主要内容

1.应收的各种赔款、罚款，如因企业财产等遭受意外损失时向有关保险公司索取的赔款等。

2.应收出租包装物的租金。

3.应向职工收取的各种垫付款项，如为职工垫付的水电费、应由职工负担的医药费、房租费等。

4.存出保证金，如租入包装物支付的押金。

5.备用金（向企业各职能科室、车间等拨出的备用金）。

6.其他各种应收、暂付款项。

（三）会计相关核算知识

1.账户设置

为了反映和监督其他应收款的增减变动和结存情况，企业应当设置"其他应收款"科目。借方登记其他应收款的增加；贷方登记其他应收款的收回；期末余额一般在借方反映企业尚未收回的其他应收款项。该科目应按其他应收款的项目分类，并按不同的债务人进行明细核算。

2.具体核算

当企业发生其他应收款时，按应收金额借记"其他应收款"科目，贷记有关科目；收回各种款项时，按应收金额借记"银行存款"等科目，贷记"其他应收款"科目。

五、应收款项减值概述

（一）应收款项减值损失的确认

企业应当在资产负债表日对应收款项的账面价值进行检查，有客观证据表明该应收款项发生了减值，应当将该应收款项的账面价值减记至预计未来的现金流量现值，还应确认减值损失，计提应收款项减值准备（又称坏账准备）。

应收款项减值损失的确认必须有客观证据。证明应收款项减值的证据是指该应收款项初始确认后发生的，对该应收款项的预计未来现金流量产生影响，且企业能够对该影响进行可靠预计的事项。

一般认为，应收款项符合下列条件之一的，可以判断出该应收款项发生了减值：

1. 债务人发生严重财务困难。

2. 债务人违反合同条款，如债务人偿付利息或本金发生违约或逾期等。

3. 债权人出于经济或法律等方面因素的考虑，对发生财务困难的债务人做出让步。

4. 债务人可能面临倒闭或进行其他方面的财务重组的情况。

5. 无法辨认一组应收款项中的某项应收款项的未来现金流量是否已经减少，但根据公开的数据对其进行总体评价后发现，该组应收款项自确认以来的预计未来现金流量的确已经减少而且可以计量，如债务人所在国家或地区的失业率快速提高、担保物在其所在地区的价格明显下降、所处行业不景气等。

6. 其他表明应收款项发生减值的客观证据。

（二）计提坏账准备的范围

坏账准备是指对应收款项预提的，用来对不能收回的应收款项抵销的账户，是应收款项的备抵调整账户。商业信用的高度发展是市场经济的重要特征之一，商业信用的发展在为企业带来销售收入增加的同时，也将不可避免地会导致坏账的发生。企业对于应收账款、其他应收款及符合条件的应收票据、预付账款、应收股利及应收利息的计提坏账准备。

企业持有的未到期的应收票据，如有确凿证据证明其不能够收回或收回的可能性不大时，企业的预付账款如有确凿证据证明其不符合预付账款性质，或者因供货单位破产、撤销等原因已无望再收到所购货物时，都应当计提相应的坏账准备。

（三）确认坏账损失的方法

根据确认坏账损失的时间不同，对于确认的应收款项减值，在会计核算上有两种方法，即直接转销法和备抵法。

1. 直接转销法

直接转销法下，对于应收款项可能发生的坏账损失在日常核算中将不予考虑，只有在实际发生坏账时，才会作为坏账损失计入当期损益，同时直接冲销应收款项，借记"资产减值损失"科目，贷记"应收账款"等科目。

这种方法的优点是账务处理简单，缺点是不符合权责发生制原则，也与资产定义相冲突。在这种方法下，只有坏账实际发生时，才将其确认为当期费用，导致资产不实、各期损益不实；另外，在资产负债表上，应收账款是按账面余额而不是账面价值反映，这在一定程度上歪曲了期末的财务状况。所以，我国企业会计准则规定确定应收款项的减值只能采用备抵法，而不得采用直接转销法。

2. 备抵法

备抵法是采用一定的方法按期估计坏账损失，计入当期损益，同时建立坏账准备，当某一应收款项全部或者部分被确认为坏账时，应根据其金额冲减做好应收款项减值的准备，同时转销相应的应收款项。采用这种方法，在报表上要列示应收款项的净额，使报表使用者能了解企业应收款项的可回收金额。在备抵法下，计提坏账准备的方法还有余额百分比法、销货百分比法、账龄分析法等，具体采用何种方法可由企业自行确定。

（1）余额百分比法，是根据会计期末应收款项的余额和估计的坏账率，来估计坏账损失，计提坏账准备的方法。

在此法下，会计期末时，当企业按估计的坏账率提取的坏账准备大于"坏账准备"的账面余额时，应按差额补提坏账准备；当企业按估计的坏账率提取的坏账准备小于"坏账准备"的账面余额时，应按差额冲回多提的坏账准备。

（2）销货百分比法，是根据赊销金额一定的百分比估计坏账损失的方法。坏账百分比是根据企业以往的经验，按赊销金额中平均发生坏账损失的比率计算以确定的。

（3）账龄分析法，是根据应收款项入账时间的长短来估计坏账损失的方法。账龄分析法的理论基础是账款拖欠的时间越长，发生坏账的可能性就越大，应提取的坏账准备金越多。

（三）会计相关核算知识

1. 账户设置

采用备抵法核算的企业，为了总结概括出反映应收款项减值损失的计提、转销等情况，应当设置"坏账准备"科目。该科目是根据应收款项科目的备抵调整科目，借方登记实际发生的坏账损失金额和冲减的坏账准备金额；贷方登记当期计提的坏账准备金额以及收回前已确认并核销的坏账准备金额；期末余额一般在贷方，反映了已经计提但尚未转销的坏账准备。

2.具体核算

（1）资产负债表日，应收款项发生减值的，应按应减记的金额，借记"资产减值损失——计提的坏账准备"科目，贷记"坏账准备"科目。冲减多计提的减值准备时，借记"坏账准备"科目，贷记"资产减值损失——计提的坏账准备"科目。

（2）对于确实无法收回的应收款项，按管理权限报经批准后作为坏账，做转销应收账款处理，借记"坏账准备"科目，贷记"应收账款"等科目。

（3）已确认并转销的应收款项之后又被收回的，应按实际收回的金额，借记"应收账款"等科目，贷记"坏账准备"科目；同时，借记"银行存款"科目，贷记"应收账款"等科目。

为简化处理，也可以按照实际收回的金额，借记"银行存款"，贷记"坏账准备"科目。

应收款项减值准备可按以下公式计算：

当期应计提的坏账准备 = 当期按应收款项计算应提坏账准备金额 –（或 +）"坏账准备"科目的贷方（或借方）余额

第四节　存　货

一、存货概述

（一）含义及核算内容

存货，是指企业在日常活动中持有以备销售的产成品或商品、处在生产过程中的并在产品、生产过程或提供劳务过程中耗用的材料和物料。

企业的存货通常包括以下内容：

1.原材料，是指企业在生产过程中经过加工后改变其形态或性质并构成产品主要实体的各种原料及主要材料、辅助材料、外购半成品（外购件）、修理用备件（备品备件）、包装材料、燃料等。

2.在产品，是指企业正在制造尚未完工的产品，包括正处在各个生产工序加工的产品和已加工完毕但尚未检验或已检验但尚未办理入库手续的产品。

3. 半成品，是指在经过一定生产过程并已检验合格交付半成品仓库保管，但尚未制造完工的产成品，仍需进一步加工的中间产品。

4. 产成品，是指工业企业已经完成全部的生产过程并验收入库，可以按照合同规定的条件送交订货单位，或者可以作为商品对外销售的产品。企业接受外来原材料加工制造的代制品和为外单位加工修理的代修品，制造和修理完成验收入库后应视同企业的产成品。

5. 商品，是指商品流通企业外购或委托加工完成后验收入库用于销售的各种商品。

6. 周转材料，是指在企业中能够多次使用、逐渐转移价值但仍保持原有形态、不认为是固定资产的材料，如包装物和低值易耗品。

7. 委托代销商品，是指企业委托其他单位代销的商品。

（二）存货取得成本的确定

1. 外购取得存货的成本

外购的存货成本，包括购买价款和相关税费以及运杂费，而运杂费中主要包括运输费、装卸费、保险费、包装费等，另外运输途中的合理损耗、入库前的挑选整理费用以及按规定应计入成本的税费和其他费用。

其中，存货的购买价款，是指企业购入的材料或商品的发票账单上列明的价款，但不包括按规定可以抵扣的增值税额。

存货的相关税费，是指企业在购买存货发生的进口关税、消费税、资源税和不能抵扣的增值税进项税额等应计入存货采购成本的税费。

其他可归属于存货采购成本的费用，即在采购成本中除上述各项以外的可直接归属于存货采购的费用，如在存货采购过程中发生的仓储费、包装费、运输途中的合理损耗、入库前的挑选整理费用等。这些费用能分清负担对象的，应直接计入存货的采购成本；不能分清负担对象的，应选择合理的分配方法，将他们分配并计入有关存货的采购成本。

2. 加工取得存货的成本

加工取得存货的成本由采购成本、加工成本构成。存货加工成本由直接人工和制造费用构成。制造费用是一项间接生产成本，包括企业生产部门（如生产车间）管理人员的职工薪酬、折旧费、办公费、水电费、机物料损耗、劳动保护费、季节性和修理期间停工损失等构成。

3.委托外单位加工取得的存货成本

委托外单位加工完成的存货的实际成本包括：实际耗用的原材料或者半成品、运输费、加工费、装卸费等费用以及按规定应计入成本的税金的总和。

4.其他方式取得存货的成本

（1）投资者投入存货的成本

投资者投入存货的成本，应当按照投资合同或协议约定的价值确定，但合同或协议约定的价值不公允的除外。如果投资合同或协议约定价值在不公允的情况下，应当按照该项存货的公允价值来作为其入账价值。

（2）盘盈存货的成本

盘盈的存货应按其重置成本作为入账价值，并通过"待处理财产损溢"科目进行会计处理，经过管理权限报经批准后，冲减当期的管理费用。

（三）发出存货的计价方法

日常工作中，企业发出的存货，既可以按实际成本核算，也可以按计划成本核算。如采用计划成本核算，会计期末应把相应的存货调整为实际成本。存货计价方法流程见图2-1。

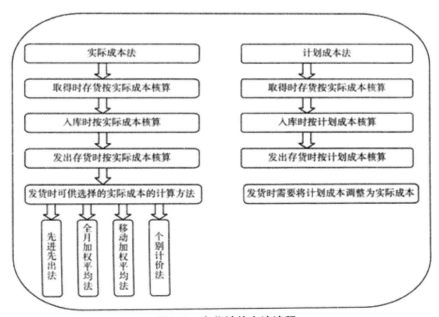

图2-1　存货计价方法流程

企业应当根据各类存货的实物流转方式、企业管理的要求、存货的性质等实际情况，进行合理的选择再确定存货成本的计算方法。企业在实际成本核算方式下，可以采用发出存货成本的计价方法包括先进先出法、月末一次加权平均法、移动加权平均法和个别计价法等。

1. 实际成本法下发出存货的计价方法

（1）先进先出法

先进先出法是指以先购入的存货应先发出（例如销售或耗用），这样一种存货实物流动假设为前提，对发出存货进行计价的一种方法。

采用这种方法，先购入的存货成本在后购入存货成本之前转出，以此可以确定发出存货和期末存货成本。这种方法的优点是使企业不能随意挑选存货计价以调整当期利润，缺点是工作量比较繁琐复杂，特别是对于存货进出量频繁的企业更是如此。而且当物价上涨时，还会高估企业当期利润和库存存货价值；反之，会低估企业存货价值和当期利润。

（2）月末一次加权平均法

月末一次加权平均法是指以月初结存存货数量加上本月全部进货数量作为权数，去除月初结存存货成本再加上本月全部进货成本，计算出存货的加权平均单位成本，以此为基础来计算本月发出存货的成本和期末存货的成本的一种方法。计算公式如下所示：

存货的单位成本 =（月初库存存货成本 + 本月购入存货成本）÷（月初库存存货数量 + 本月购入存货数量）

本月发出存货的成本 = 本月发出存货的数量 × 存货单位成本

本月月末库存存货成本 = 月末库存存货的数量 × 存货单位成本

采用加权平均法只在月末一次计算加权平均单价时，所以这种方法对于企业的核算人员来说比较简单，有利于简化成本的计算工作，但由于这种方法平时无法从账上提供发出和结存存货的单价及金额，将不利于企业对于存货成本的日常管理与控制。

（3）移动加权平均法

移动加权平均法是指每次进货时都要计算一次加权平均单位成本，具体方法是用每次进货的成本加上原有企业库存存货的成本的合计额，除以每次进货数量加上原有库存存货的数量的合计数，以此计算加权平均单位成本，作为在下次进货前计算各次发出存货成本依据的一种方法。计算公式如下：

存货单位成本＝（原有库存存货实际成本＋本次进货实际成本）÷（原有库存存货数量＋本次进货数量）

本次发出存货成本＝本次发货数量 × 本次发货前存货单位成本

本月月末库存存货成本＝月末库存存货数量 × 本月月末存货单位成本

移动加权平均法计算出来的存货成本比较均衡和准确，但计算的工作量大，适用范围一般是经营品种不多或者前后购进商品的单价相差幅度较大的商品流通类企业。

（4）个别计价法

采用这一方法是假设存货的成本流转与实物流转相一致，按照各种存货，逐一辨认各批发出的存货和期末的存货所属的购进批别或生产批别，分别按其购入或生产时所确定的单位成本作为计算各批发出存货和期末存货成本的一种方法。这种方法，把每一种存货的实际成本作为基础计算发出存货成本和期末存货成本的。

这种方法的优点是计算发出存货的成本和期末存货的成本时比较合理、准确。缺点是实务操作的工作量繁重，困难较大。所以这种方法适用于容易识别、存货品种数量不是很多、单位成本较高的存货计价。例如：珠宝、名画等贵重物品。

2. 计划成本法下发出存货的计价

计划成本法下发出存货的成本计算可分为三个步骤：

（1）计算发出存货的计划成本

发出存货的计划成本＝发出存货的数量 × 发出存货的计划单价

（2）计算发出存货应负担的成本差异

发出存货应负担的材料成本差异率

＝（± 月初结存的材料成本差异 ± 本月购进的材料成本差异）÷（月初结存的计划成本＋本月购进的计划成本）

差异率为正数，表示超支差异；差异率为负数，表示节约差异。

发出存货应负担的成本差异

＝发出存货的计划成本 ×（± 材料成本差异率）

（3）计算发出存货的实际成本

发出存货实际成本＝发出存货计划成本＋发出存货应负担的成本差异

二、原材料的核算

原材料，指企业在生产过程中经过加工后改变其形态或性质并构成产品主要的各种实体原料及主要材料、辅助材料、外购半成品（外购件）、修理用备件（备品备件）、包装材料、燃料等。原材料是企业存货的主要组成部分，其计价方法可选择实际成本计价，也可选择计划成本计价。

（一）原材料按实际成本计价核算

1. 主账户设置

采用实际成本法核算时，使用的会计科目有"原材料""在途物资""应付账款""预付账款"等科目。

（1）"在途物资"账户，资产类，增加计入借方，减少计入贷方，期末余额在借方。本账户核算企业通过采用实际成本（或进价）进行材料、商品等物资的日常核算，已取得了发票账单但物资尚未验收入库的购入材料或商品的实际采购成本。

（2）"原材料"账户，资产类，增加计入借方，减少计入贷方，期末余额在借方。本账户在实际成本法下，核算实际成本，原材料借方登记入库材料的实际成本，贷方登记发出材料的实际成本，期末余额在借方，反映出了企业库存材料的实际成本。

2. 具体核算

（1）原材料采购及入库的核算

①取得发票账单并且验收材料入库后，应按相关的采购发票账单，借记"原材料"和"应交税费——应交增值税（进项税额）"账户，贷记"银行存款"等账户。

②取得发票账单，材料尚未验收入库，应按相关采购的发票账单，借记"在途物资"和"应交税费——应交增值税（进项税额）"等账户，贷记"应付账款"等账户。待验收入库时再将"在途物资"账户结转计入"原材料"账户。

③尚未取得发票账单，材料已经验收入库的时候，月内将不作账务处理，月末仍未收到相关发票等凭证（按照暂估价入账），应借记"原材料"账户，贷记"应付账款"账户。下月初作相反分录予以冲回，收到相关发票账单后再

编制相关会计分录。

（2）原材料出库的核算

月末会根据当期"领料单"和"限额领料单"编制"发料凭证汇总表"并据此进行账务处理。借方科目，根据原材料的使用部门及用途，生产车间生产产品领用记入"生产成本"账户，生产车间一般耗用记入"制造费用"账户，行政管理部门一般耗用记入"管理费用"账户，企业销售部门领用记入"销售费用"账户，贷记"原材料"账户。记账金额按发出存货的四种计价方法，选取其中一种方法确定，方法一经选定后不得随意变更，主要是为了保证会计信息质量要求的可比性。

（二）原材料按计划成本计价核算

1. 主账户设置

采用计划成本法核算，使用的会计科目主要有"材料采购""原材料""材料成本差异"。计划成本法核算流程如图 2-2 所示。

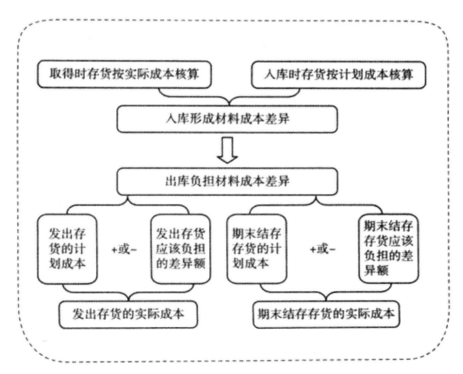

图 2-2　计划成本法下材料成本差异运用的理解简图

（1）"材料采购"账户，资产类，增加计入借方，减少计入贷方，期末余额在借方。借方登记企业采购材料的实际成本和原材料入库产生的节约差；贷方登记入库材料的计划成本和原材料入库产生的超支差；期末余额，反映了企业在途材料的实际采购成本。

（2）"原材料"账户，资产类，增加计入借方，减少计入贷方，期末余额在借方。在计划成本法下，将借方登记入库材料的计划成本，贷方登记发出材料的计划成本，期末余额，反映企业库存材料的计划成本。

（3）"材料成本差异"账户，资产类，本账户属于"原材料"账户的备抵附加调整账户。反映的是企业入库各种材料的实际成本与计划成本的差异，借方登记的是入库产生的超支差异以及发出材料应负担的节约差异；贷方登记的是入库产生的节约差异以及发出材料应负担的超支差异。期末如为借方余额，反映的是企业库存材料的实际成本大于计划成本的差异（即超支差异）；如为贷方余额，反映的是企业库存材料实际成本小于计划成本的差异（即节约差异）。

2. 具体核算

（1）原材料采购及入库的核算

①取得发票账单并且材料验收入库后。在购入原材料时，按发票账单的实际账单结算金额，借记"材料采购"账户和"应交税费——应交增值税（进项税额）"账户，贷记"银行存款"等账户。

当原材料验收入库时，按原材料的计划成本，借记"原材料"账户，贷记"材料采购"账户；同时将实际成本与计划成本产生的差异记入"材料采购"账户和"材料成本差异"账户。

②取得发票账单，材料尚未验收入库时。应按相关的采购发票账单，借记"材料采购"和"应交税费——应交增值税（进项税额）"等账户，贷记"应付账款"等账户。待验收入库时再将"材料采购"账户结转记入"原材料"和"材料成本差异"账户。

③若尚未取得发票账单。材料已经验收入库，月内不做账务处理，月末仍未收到相关发票等凭证（按照计划成本入账），应借记"原材料"账户，贷记"应付账款"账户。下月初作相反分录予以冲回，收到相关发票账单后再进行编制相关会计分录。

（2）对原材料出库的核算

月末根据当期的"领料单"和"限额领料单"编制"发料凭证汇总表"并

据此进行账务处理。借方科目，根据原材料的使用部门及用途，生产车间生产产品领用记入"生产成本"账户，生产车间一般耗用记入"制造费用"账户，行政管理部门一般耗用记入"管理费用"账户，企业销售部门领用记入"销售费用"账户，贷记"原材料"账户。记账金额为计划成本；根据材料成本的差异率，计算发出材料应负担的成本差异，做出调整分录，一方记入"生产成本""制造费用""管理费用""销售费用"等账户，另一方记入"材料成本差异"账户。

三、周转材料核算

（一）包装物概述

包装物是指为了包装本企业所生产的商品而储备的各种包装容器，例如桶、箱、瓶、坛、袋等。一般为一次性使用，若为多次使用的包装物也可根据其使用次数来进行摊销。

（二）会计相关核算知识

1. 主账户设置

为了总结并反映包装物的增减变化和结余情况，应设置"周转材料——包装物"会计科目，也可以单独设置"包装物"科目进行核算。借方登记入库包装物的计划成本或实际成本，贷方登记领用、摊销包装物的实际成本或计划成本，余额在借方，则反映企业在入库包装物的计划成本或实际成本。

2. 具体核算

包装物在进行会计核算时，其采购及入库的会计处理和"原材料"的核算步骤基本相同；主要核算点在于出库即领用的核算。

（1）生产过程中领用，作为产品组成部分的包装物，账务处理应借记"生产成本"账户，贷记"周转材料——包装物"账户，若包装物采用的是计划成本核算，则还应根据差异率调整差异，记入"材料成本差异"账户。

（2）随同商品出售而不单独出售几家的包装物，账务处理应借记"销售费用"账户，贷记"周转材料——包装物"账户，若包装物采用计划成本核算，还应根据差异率调整差异，记入"材料成本差异"账户。

（3）随同商品出售而单独计价的包装物，出售时应借记"银行存款"账户，贷记"其他业务收入"和"应交税费——应交增值税（销项税额）"账户。结转成本时应借记"其他业务成本"账户，贷记"周转材料——包装物"账户。

（4）出租或出借给购买单位使用的包装物，向出租或出借方收取的押金，应借记"银行存款"账户，贷记"其他应付款——存入保证金"账户；因出租而向承租方收取的租金，应借记"银行存款"等账户，贷记"其他业务收入"和"应交税费——应交增值税"（销项税额）账户；出借的包装物应将成本记入"销售费用"账户的借方，出租的包装物应将成本记入"其他业务成本"账户的借方。

（二）低值易耗品概述

1. 核算内容

存货核算和管理的低值易耗品，一般划分为一般工具、专用工具、替换设备、管理用具、劳动保护用具和其他用具等。

（1）一般工具，是指在生产中常用的工具，如刀具、量具、装配工具等。

（2）专用工具，是指专门用于制造某一特定产品，或在某一特定工序上使用的工具，如专用模具。

（3）替换设备，是指容易磨损或为制造不同产品需要替换使用的各种设备，如轧钢用的钢辊。

（4）管理用具，是指为了安全生产而发给工人作为劳动保护用的工作服、工作鞋和各种防护用品等。

（5）其他，是指不属于上述各类的低值易耗品。

2. 低值易耗品的特点

（1）反复使用且不改变实物形态。

（2）使用寿命核算期间在一年以内（含一年）。这一特点是其与"固定资产"核算的主要区别。

会计相关核算知识

低值易耗品属于存货的核算范畴，既可以按实际成本计价，又可以按计划成本计价。低值易耗品取得的相关核算与"原材料"取得的核算基本相同；低值易耗品出库的核算即为摊销，金额较小的，可以在领用低值易耗品时一起计入成本费用，以便简化核算，但为了加强实物管理，应当在备查簿上进行登记。低值易耗品的摊销方法具体有一次摊销法和分次摊销法。

一次摊销法。这种方法在领用低值易耗品时，将其所具有的价值一次或全部计入有关资产成本或者当期损益的一种摊销方法。借方记入"制造费用""管理费用"等账户，贷方记入"周转材料——低值易耗品"账户，若低值易耗品采用计划成本核算，还应根据差异率调整差异，记入"材料成本差异"账户。

分次摊销法。这种方法在领用低值易耗品时摊销其账面价值的单次平均摊销额。分次摊销法适用于可供多次反复使用的低值易耗品。常用的是"五五摊销法"，采用分次摊销法中的"五五摊销法"摊销低值易耗品的会计处理：

（1）领用时，应借记"周转材料——低值易耗品——在用"，贷记"周转材料——低值易耗品——在库"；领用时摊销低值易耗品价值的单次摊销额，借记"制造费用""管理费用"等账户，贷记"周转材料——低值易耗品——摊销"账户。

（2）报废时，按照摊销低值易耗品单次摊销价借记"制造费用""管理费用"等账户，贷记"周转材料——低值易耗品——摊销"账户，同时将"周转材料——低值易耗品——摊销"与"周转材料——低值易耗品——在用"对冲，应借记"周转材料——低值易耗品——摊销"，贷记"周转材料——低值易耗品——在用"。

四、委托加工物资概述

委托加工是指由委托方提供原料及主要材料，而受托方只提供加工劳务，代垫辅助材料的经济业务。委托方应提供原料及主要材料的入库及出库手续。若由受托方提供原料及主要材料，或由受托方采购原料及主要材料再提供给委托方，则均不属于委托加工经济业务。若属于委托加工业务，那么就仅以加工费为计税依据，计算缴纳增值税。

（一）会计相关核算知识

1. 主账户设置

对于委托方的会计核算，主要是设置"委托加工物资"账户。资产类，增加计入借方，减少计入贷方，期末余额在借方。该账户借方主要包括核算四项内容：（1）发出委托加工材料所发生的实际成本；（2）负担的往返运杂费等；（3）加工费用；（4）收回后直接出售的委托加工物资在该环节所负担的消费税；贷方核算收回委托加工物资的实际成本；期末借方余额表示尚未收回委托加工物资的实际成本。该账户应按加工合同和受托加工的单位设置明细账，以反映各种委托加工物资的详细资料。

2. 委托加工涉及的相关税金

（1）增值税

委托方为了购进委托加工劳务方，依据加工费和相应的增值税税率来确认增值税的进项税额；受托方为销售委托加工劳务方，依据加工费和相应的增值税税率来确认增值税的销项税额。

（2）消费税

若委托加工的对象为应纳消费税的应税行为，还应缴纳消费税。委托方为消费税的负担主体，应向受托方结算本环节应缴纳的消费税；受托方为该环节消费税的扣缴义务人，在该环节对代扣代缴消费税与税务机关进行结算。

3. 具体核算

（1）发出委托加工物资

按实际成本，借记"委托加工物资"，贷记"原材料""库存商品"等科目；如按计划成本或售价核算的，还应同时结转材料的成本差异或商品进销差价，借记本科目，贷记"材料成本差异"或"商品进销差价"等账户；实际成本小于计划成本的差异，作相反的会计分录。

（2）负担往返运杂费等

按照运杂费发生的相关原始票据，借记"委托加工物资"账户，贷记"银行存款""应付账款"等账户。

（3）支付加工费

按照发生加工费的相关发票，借记"委托加工物资""应交税费——应交增值税（进项税额）"账户，贷记"银行存款"等账户。

（4）本环节负担的消费税

若收回后为直接用于出售的委托加工物资，委托方应将该环节负担的消费税，借记"委托加工物资"；若收回后用于继续加工应税消费品的委托加工物资，该环节负担的消费税可以做抵扣，借记"应交税费——应交消费税"科目；贷记"应付账款""银行存款"等科目。

（5）加工完成验收入库的委托加工物资

按加工收回物资的实际成本和剩余物资的实际成本，借记"原材料""库存商品"等科目，贷记"委托加工物资"。如果采用计划成本或售价核算的，则按计划成本或售价；如果为借记"原材料"或者"库存商品"科目，按实际成本贷记本科目；实际成本与计划成本或售价之间的差额，按照差异额借记或贷记"材料成本差异"或贷记"商品进销差价"科目。

五、库存商品概述

库存商品是指企业已完成全部的生产过程并已验收入库、合乎标准规格和技术条件，可以按照合同规定的条件送交回订货单位，或可以作为商品对外销售的产品，以及外购或委托加工完成验收入库后用于销售的各种商品。

库存商品包括库存产成品、外购商品、存放在门市部准备出售的商品、发出展览的商品、寄存在外的商品、接受来料加工制造的代制品和为外单位加工修理的代修品等。已完成了销售手续但购买单位在月末未提取的产品，不应作为企业的库存商品，而应作为代管商品处理，并单独设置代管商品备查簿进行登记。

企业接受来料加工制造的代制品和为外单位加工修理的代修品，在制造和修理完成验收入库后，同本企业的产成品，通过"库存商品"科目核算。本科目可按库存商品的种类、品种和规格等进行明细核算。

（一）会计相关核算知识

1. 主账户设置

为了核算企业产成品，应设置"库存商品"和"主营业务成本"等科目。

（1）"库存商品"账户，资产类，增加记入借方，减少记入贷方，期末余额在借方。借方登记验收入库商品的实际成本或计划成本，贷方登记发出商品的实际成本或计划成本，期末借方余额表示库存商品的实际或计划成本。

（2）"主营业务成本"账户，费用类，增加记入借方，减少记入贷方，期末无余额。借方登记主营业务成本费用的增加，贷方登记该费用的减少或转入"本年利润"账户的金额。

2. 具体核算

（1）制造企业库存商品的核算

制造型企业的库存商品一般为自己加工制造完成，生产的产成品一般应按实际成本核算，产成品的入库和出库，平时只记数量不计产成品的金额，期（月）末计算入库产成品的实际成本。对于生产完成验收入库的产成品，要按照其实际成本，借记"库存商品"账户，贷记"生产成本"账户。当期出库的商品，根据"商品出库单"等原始凭证，借记"主营业务成本"等账户，贷记"库存商品"账户。另外采用计划成本核算的，发出商品还应结转产品成本差异，将发出产成品的计划成本调整为实际成本。

企业产成品种类较多的，也可按计划成本进行日常核算，其实际成本与计划成本的差异，也可以单独设置为"产品成本差异"科目，原理比照"材料成本差异"科目核算。采用实际成本进行产成品日常核算的，发出产成品的实际成本，可以采用先进先出法、加权平均法或个别认定法来进行计算确定。

（2）商业企业库存商品的核算

商业企业库存商品一般为外购形成。购入商品是采用进价核算的，在商品到达验收入库后，按商品进价，应借记"库存商品"科目，贷记"银行存款""在途物资"等账户。如果是委托外单位加工收回的商品，按商品进价，则借记"库存商品"科目，贷记"委托加工物资"科目。

购入商品采用售价核算的方法时，在商品到达验收入库后，按其商品售价，借记"库存商品"科目，按商品进价，贷记"银行存款""在途物资"等科目，商品售价与进价的差额应贷记"商品进销差价"科目。委托外单位加工收回的商品，按商品售价，借记"库存商品"科目，委托加工商品的账面余额应贷记"委托加工物资"科目，按商品售价与进价的差价额，贷记"商品进销差价"科目。

在企业销售商品应确认收入时，同时也应结转其销售成本，借记"主营业务成本"等科目，贷记"库存商品"科目。采用进价进行商品日常核算的，发出商品的实际成本可以采用先进先出法、加权平均法或个别认定法来计算确定。采用售价核算的，还应结转应分摊的商品进销差价。商品销售成本的确定方法一般有两种：

①毛利率法

毛利率法是指根据本期的销售净额乘以上期实际（或本期计划）毛利率来匡算本期销售毛利，并据以计算发出存货和期末存货成本的一种方法。

计算公式如下：

已销商品的成本 = 销售收入净额 ×（1- 毛利率）

销售净额 = 商品销售收入 - 销售退回与折让

期末结存商品成本 = 期初结存商品成本 + 本期入库商品成本 - 本期销售商品成本

这种方法主要是适用于商业批发企业，因为同类商品的毛利率大致相同，所以采用这种存货计价方法既能减轻工作量，也能满足对存货管理的需要。

②售价金额核算法

售价金额核算法是指将平时商品的购入、加工收回、销售均按售价记账，售价与进价的差额应通过"商品进销差价"科目核算，商品进销差价的实质就是毛利率。期末计算进销差价率和本期已售商品应分摊的进销差价后，并根据差价率调整本期销售成本的一种方法。计算公式如下：

商品进销差价率=（期初结存商品进销差价+本期入库商品进销差价）÷（期初结存商品售价+本期入库商品售价）×100%

已销商品的成本=销售收入净额×（1-商品进销差价率）

销售净额=商品销售收入-销售退回与折让

期末结存商品成本=期初结存商品进价+本期入库商品进价-本期销售商品成本

这种方法适用于零售企业，因为零售企业要求按商品零售价格标价，所以采用该方法更简单。

六、存货清查概述

存货清查是指通过对存货的实地盘点，来确定存货的实有数量，并与存货的账面结存数进行核对，从而确定存货实存数与账面结存数是否相符的一种专门方法。存货清查的方法一般是采用实地盘点法。存货清查按照清查的对象和范围不同，分为全面清查和局部清查。按清查时间分为定期清查与不定期清查。

（一）会计相关核算知识

1. 主账户设置

为了反映企业在财产清查中查明的各种存货的盘盈、盘亏和毁损情况，企业应当设置"待处理财产损溢"账户来确定。该账户为资产类主账户，借方登记待处理财产的盘亏或毁损数和当期转销的盘盈数；贷方登记待处理财产的盘盈数和当期转销的盘亏或毁损数。期末结转处理后该账户无余额。

2. 具体核算

存货清查核算一般分为两个步骤。第一步，批准处理将存货账面数调整为实际数；第二步，批准处理后或月末，结转到"待处理财产损溢"账户至相关账户。

（1）存货盘盈处理时，依据"实存账存对比表"，并借记"原材料"等科目，贷记"待处理财产损溢——待处理流动资产损溢"账户；批准处理后或月末，借记"待处理财产损溢——待处理流动资产损溢"账户，贷记"管理费用"账户。

（2）存货盘亏处理时，依据"实存账存对比表"，借记"待处理财产损溢——待处理流动资产损溢"账户，贷记"原材料"和"应交税费——应交增值税（进项税额转出）"账户；进项税转出详解见图2-3，批准处理后或月末，借记"其他应收款"（保险公司或责任人赔偿）、"原材料"（残料入库）、"管理费用"（一般原因损失和定额内损耗）、"营业外支出"（自然灾害等非常损失），贷记"待处理财产损溢——待处理流动资产损溢"账户。

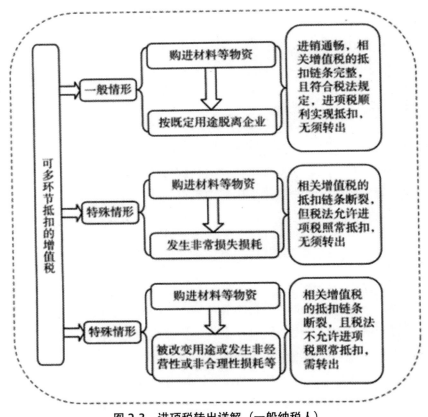

图2-3　进项税转出详解（一般纳税人）

七、存货期末计量概述

（一）存货期末减值的方法

资产负债表日，存货应当按照成本与可变现净值孰低计量。存货成本高于其可变现净值的，应当计提存货跌价准备，计入当期损益。其中，可变现净值，是指在日常活动中，存货的估计售价减去至完工时估计将要发生的成本、估计的销售费用以及相关税费后的金额；存货成本，是指期末存货的实际成本如企业在存货成本的日常核算中采用的计划成本、售价金额核算法等简化核算方法，则成本应调整为实际成本。

（二）存货减值迹象的判断

1. 存货存在下列情况之一的，表明存货的可变现净值低于成本

（1）该存货的市场价格持续下跌，并且可以预见未来无回升的希望。

（2）企业使用该项原材料生产的产品成本大于产品的销售价格时。

（3）企业因产品更新换代，原有的库存原材料已不适应新产品的需要，而该原材料的市场价格又低于其账面成本时。

（4）因企业所提供的商品或劳务过时或消费者偏好发生了改变而使市场的需求发生变化，导致市场价格逐渐下跌的情况。

（5）其他足以证明该项存货实质上已经发生减值的情形。

2. 存货存在下列情形之一的，表明存货的可变现净值为零

（1）已霉烂变质的存货。

（2）已过期且无转让价值的存货。

（3）生产中已不需要，并且已无使用价值和转让价值的存货。

（4）其他足以证明已无使用价值和转让价值的存货。

（三）会计相关核算知识

1. 主账户设置

（1）"存货跌价准备"账户，核算存货跌价准备的计提、转回和转销。该账户为资产类，属于存货项目的备抵调整账户。借方登记转回的存货跌价准备，贷方登记计提的存货跌价准备，期末余额在贷方，表示存货跌价准备的期

末账面数。

（2）"资产减值损失"账户费用类，增加记入借方，减少或结转记入贷方，月末无余额。借方登记当期增加的减值损失，贷方登记当期转回的减值损失，期末无余额，转入"本年利润"账户。

2. 具体核算

（1）存货跌价准备的计提

资产负债表日，存货的成本高于其可变现净值的帐户，那么企业应当计提存货跌价准备。借记"资产减值损失"账户，贷记"存货跌价准备"账户。

①存货跌价准备通常应当按单个存货项目计提

企业应在每一资产负债表日，去比较每个存货项目的成本与可变现净值，对可变现净值低于成本的，计算出应计提存货跌价准备，再与已提数进行比较，若应提数大于已提数，应予补提。企业计提的存货跌价准备，应计入当期损益（资产减值损失）。

②对于数量繁多、单价较低的存货，可以按照存货类别计提存货跌价准备

本期应计提存货跌价准备 = 期末存货成本低于可变现净值的差额 - "存货跌价准备"账户的贷方余额

（2）存货跌价准备的转回

当以前减计存货价值的影响因素已经消失时，减计的金额应当予以恢复，并在原已计提的存货跌价准备金额内转回，转回的金额计入当期损益（资产减值损失）。借记"存货跌价准备"账户，贷记"资产减值损失"账户。

在核算存货跌价准备的转回时，转回的存货跌价准备与计提该准备的存货项目或类别应当存在直接对应关系。在原已计提的存货跌价准备金额内转回，意味着转回的金额以将存货跌价准备的余额冲减至零为限。

第五节　长期股权投资

一、长期股权投资的初始计量概述

（一）长期股权投资的概念

长期股权投资是指投资方对被投资单位实施控制、具有重大影响的权益性投资，以及对其合营企业的权益性投资。除此之外，其他权益性投资不作为长期股权投资核算，而应当按照《企业会计准则第22号——金融工具确认和计量》的规定进行会计核算。

（二）长期股权投资的类型

会计准则所称的长期股权投资是指投资方对被投资单位实施控制、共同控制、具有重大影响的权益性投资。

1. 控制投资与子公司

控制是指一家企业能够决定另一家企业的财务和经营政策，并能据以从另一个企业的经营活动中获取利益的权力。若母公司直接或通过子公司间接拥有被投资单位半数以上的表决权，表明母公司能够控制被投资单位，应当将该被投资单位认定为子公司。但是有证据表明母公司不能控制被投资单位的除外。若母公司拥有被投资单位半数或以下的表决权，满足以下条件之一的，视为母公司能够控制被投资单位，应当将该被投资单位认定为子公司。但是，有证据表明母公司不能控制被投资单位的除外：

（1）通过与被投资单位其他投资者之间的协议，拥有被投资单位半数以上的表决权。

（2）根据公司章程或协议，有权决定被投资单位的财务和经营政策。

（3）有权任免被投资单位的董事会或类似机构的多数成员。

（4）在被投资单位的董事会或类似机构占多数表决权。

在确定能否控制被投资单位时，应当考虑企业和其他企业持有的被投资单位的当期可转换公司债券、当期可执行的认股权证等潜在表决权因素。

2. 共同控制投资与合营企业

共同控制投资是指企业持有的能够与其他合营方一同对被投资单位实施共同控制的权益性投资，即对合营企业投资。共同控制是指按照合同约定对某项经济活动所共有的控制，这种情况仅在与该项经济活动相关的重要财务和经营决策需要分享控制权的投资方一致同意时存在。在确定是否构成共同控制时，一般可以考虑以下情况作为确定基础：

（1）任何一方均不能单独控制合营企业的生产经营活动。

（2）合营企业基本经营活动的决策需要各合营方一致同意。

（3）各合营方可能通过合同或协议的形式任命其中的一个合营方对合营企业的日常活动进行管理，但其必须在各合营方已经一致同意的财务和经营政策范围内行使管理权。

3. 重大影响投资与联营企业

是指投资方对被投资单位的财务和经营政策有参与决策的权力，但并不能够控制或者与其他方一起共同控制这些政策的制定。在确定能否对被投资单位施加重大影响时，应当考虑投资方和其他方持有的被投资单位当期可转换公司债券、当期可执行认股权证等潜在表决权因素。投资方能够对被投资单位施加重大影响的，则被投资单位为其联营企业。投资企业通常可以通过以下一种或几种情形来判断是否对被投资单位具有重大影响：

（1）在被投资单位的董事会或类似的权力机构中派有代表。这种情况下，由于在被投资单位的董事会或类似权力机构派有代表，并相应享有实质性的参与决策权，投资方可以通过该代表参与被投资单位财务和经营政策的制定，从而能够对该被投资单位实施重大影响。

（2）参与被投资单位财务和经营政策制定过程。这种情况是指投资企业可以参与被投资单位的政策制定过程，派出代表为其投资企业自身利益提出建议和意见，由此可以对被投资单位实施重大影响。

（3）与被投资单位之间发生重要交易。有关的交易因对被投资单位的日常经营具有重要性，进而在一定程度上可以影响到被投资单位的生产经营决策。

（4）向被投资单位派出管理人员。这种情况是指投资企业管理人员有权力主导被投资单位的相关活动，从而能对被投资单位实施重大影响。

（5）向被投资单位提供关键技术资料。因被投资单位的生产经营需要依赖于投资方的技术或资料，从而表明投资企业对被投资单位具有重大影响。

（三）长期股权投资初始计量原则

长期股权投资在取得时，应按初始投资成本入账。长期股权投资初始计量具体内容如图 2-4 所示。

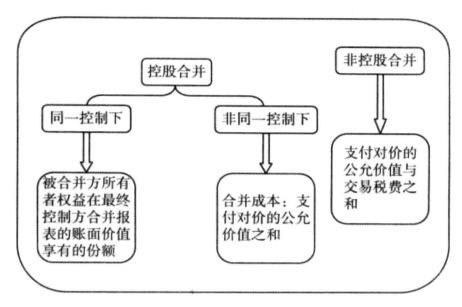

图 2-4 长期股权投资初始计量成本

（四）投资成本中包含的已宣告但尚未发放的现金股利或利润（应收股利）的处理

企业无论以什么方式取得长期股权投资，取得投资时，对于支付的价款中包含的应享有被投资单位已经宣告但尚未发放的现金股利或利润应确认为应收项目，不构成取得长期股权投资的初始投资成本。

（五）会计相关核算知识

1. 账户设置

为了反映和监督长期股权投资的取得，投资企业应当设置"长期股权投资"科目，"长期股权投资"科目核算企业持有的采用成本法和权益法核算的长期股权投资。企业采用权益法对长期股权投资进行核算的应当设置"成本""损益调整""其他权益变动"和"其他综合收益"四个二级明细科目。企业采用成本法对长期股权投资进行核算的，可按被投资单位进行明细核算。

2. 具体核算

（1）形成控股合并的长期股权投资（持股比例在 50% 以上）

形成同一控制下控股合并的长期股权投资（合并之前，合并方和被合并方在同一个集团），合并方对被合并方的长期股权投资，其成本代表的是在被合并方账面所有者权益中享有的份额。

被合并方账面所有者权益是指被合并方的所有者权益相对于最终控制方而言的账面价值，即同一控制下企业合并形成的长期股权投资，其初始投资成本是合并日按照持股比例与被合并方所有者权益在最终控制方合并财务报表上的账面价值中享有的份额计算的结果。

形成同一控制下控股合并的长期股权投资，如果子公司按照改制时确定的资产、负债经评估确认的可辨认价值调整资产、负债账面价值的，合并方应当按照取得子公司经评估确认的净资产账面价值的份额作为长期股权投资的初始投资成本。

通过多次交换交易，分步取得股权最终形成控股合并的，在个别财务报表中，应当以持股比例计算的合并日应享有被合并方账面所有者权益份额作为该项投资的初始投资成本。按照初始投资成本与其原长期股权投资账面价值加上合并日为取得新的股份所支付对价的公允价值之和的差额，调整资本公积（资本溢价或股本溢价），资本公积不足冲减的，冲减留存收益。

在企业合并中，合并方发生的审计、法律服务、评估咨询等中介费用以及其他相关管理费用，应当于发生时计入当期损益（管理费用）。

（2）形成非同一控制下控股合并的长期股权投资

①非同一控制下的控股合并中，购买方应当按照确定的企业合并成本作为长期股权投资的初始投资成本。企业合并成本包括购买方付出的资产、发生或承担的负债、发行的权益性证券的公允价值之和。

②通过多次交换交易，分步取得股权最终形成企业合并的，在个别财务报表中，应当以购买日之前所持被购买方的股权投资的账面价值与购买日新增投资成本之和，作为该项投资的初始投资成本。

购买日之前持有的被购买方的股权涉及其他综合收益的，购买日对这部分其他综合收益不作处理，等到处理该项投资时将与其相关的其他综合收益转入当期投资收益（反方向结转）。

（3）不形成控股合并的长期股权投资（持股比例在 50% 或 50% 以下）

①以支付现金（广义）取得的长期股权投资，应当按照实际支付的购买价款作为长期股权投资的初始投资成本，包括与取得长期股权投资直接相关的费用、税金及其他必要支出。

②以发行权益性证券方式取得的长期股权投资，其成本为所发行权益性证券的公允价值。

③为发行权益性证券支付给有关证券承销机构等的手续费、佣金等与权益性证券发行直接相关的费用，不构成取得长期股权投资的成本。该部分费用应从权益性证券的溢价发行收入中扣除（冲减"资本公积——股本溢价"），权益性证券的溢价收入不足冲减的，应冲减盈余公积和未分配利润。

二、长期股权投资的后续计量概述

长期股权投资在持有期间，根据投资企业对被投资单位的影响程度进行划分，应当分别采用成本法及权益法进行核算。长期股权投资后续计量适应范围如图 2-5 所示。

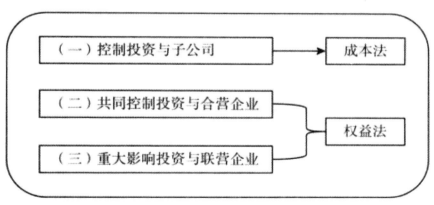

图 2-5 长期股权投资种类及后续计量

（一）长期股权投资的成本法

长期股权投资的成本法适用于企业持有的、能够对被投资单位实施控制的长期股权投资。

（二）长期股权投资的权益法

投资企业对被投资单位具有共同控制或具有重大影响的长期股权投资，即对合营企业投资及联营企业投资，应当采用权益法核算。

（三）会计相关核算知识

1. 账户设置

投资企业应当设置"长期股权投资"科目和"投资收益"科目，"长期股权投资"科目核算企业持有的采用成本法和权益法核算的长期股权投资。企业采用权益法对长期股权投资进行核算的，应当设置"成本""损益调整""其他权益变动"和"其他综合收益"四个二级明细科目。"投资收益"科目核算企业确认的投资收益或投资损失。企业（金融）债券投资持有期间取得的利息收入，也可在"利息收入"科目核算。本科目可按投资项目进行明细核算。

2. 具体核算

长期股权投资后续计量如图2-6所示。

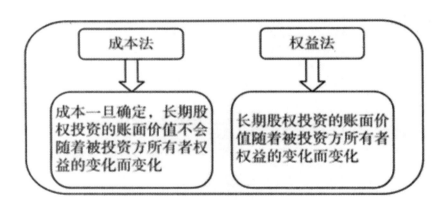

图2-6　长期股权投资后续计量流程

（1）成本法的核算

①投资发生时，按初始投资成本作为长期股权投资的入账价值。投资入账后，除追加投资应按追加投资的成本增加长期股权投资外，长期股权投资的账面价值一般保持不变。

②采用成本法核算的长期股权投资，投资企业取得被投资单位宣告发放的现金股利或利润，除取得投资时实际支付的价款或对价中包含的已宣告但尚未

发放的现金股利或利润外，还应当按照享有被投资单位宣告发放的现金股利或利润确认投资收益，借记"应收股利"科目，贷记"投资收益"科目。

（2）权益法的核算

①初始投资核算

采用"长期股权投资——成本"核算。投资企业取得对联营企业的投资以后，对于取得投资时投资成本与应享有被投资单位可辨认净资产公允价值份额之间的差额，应区分情况分别处理。（1）长期股权投资的初始投资成本大于投资时应享有被投资单位可辨认净资产公允价值份额的，不调整长期股权投资的初始投资成本。（2）长期股权投资的初始投资成本小于投资时应享有被投资单位可辨认净资产公允价值份额的，其差额应当计入当期的营业外收入，同时调整长期股权投资的成本。

②持有期间核算

"长期股权投资——损益调整"账户的核算。投资企业取得长期股权投资后，应当按照应享有或应分担的被投资单位实现的净损益的份额，确认投资损益并调整长期股权投资的账面价值。投资企业按照被投资单位宣告分派的利润或现金股利计算应分得的部分，相应减少长期股权投资的账面价值。如果被投资单位发生盈利，借记"长期股权投资——某公司（损益调整）"科目，贷记"投资收益"科目；如果被投资单位发生亏损，借记"投资收益"科目，贷记"长期股权投资——某公司（损益调整）"科目；当被投资单位宣告分派现金股利时，借记"应收股利"科目，贷记"长期股权投资——某公司（损益调整）"科目。

被投资单位发生超额亏损的处理。投资企业确认被投资单位发生的净亏损，应当以长期股权投资的账面价值以及其他实质上构成对被投资单位净投资的长期权益减记至零为限，但投资企业负有承担额外损失的情况除外。被投资单位以后实现净利润的，投资企业在其收益分享额弥补未确认的亏损分担额后，恢复确认收益分享额。

其他实质上构成对被投资单位净投资的长期权益通常指的是长期应收款项目。比如，企业对被投资单位的长期债权，该债权没有明确的清收计划，且在可预计的未来不准备收回的，实际上构成对被投资单位的净投资。

在确认被投资单位发生亏损时，应按以下顺序冲减：

首先，冲减长期股权投资的账面价值（冲至零为限）；其次，长期股权投资的账面价值不足冲减的，应当以其他实质上构成对被投资单位净投资的长期权益账面价值为限继续确认投资损失，冲减长期应收款项目的账面价值；最后，经过上述处理，按照投资合同或协议约定企业仍需承担额外义务的，应按预计承担的义务确认预计负债，计入当期投资损失。

被投资单位在以后期间实现盈利的，企业扣除未确认的亏损分担额后，应按与上述相反的顺序处理。

投资企业对权益法下的长期股权投资确认投资收益和其他综合收益时，还需要注意以下两个方面：

一是被投资单位采用的会计政策及会计期间与投资企业不一致时，应当按照投资企业的会计政策及会计期间对被投资单位的财务报表进行调整，并据以确认投资收益和其他综合收益等。

二是投资企业计算确认应享有或应分担被投资单位的净损益时，与联营企业、合营企业之间发生的未实现内部交易损失按照应享有的比例计算归属于投资企业的部分，应予以抵销，在此基础上确认投资收益。投资企业与被投资单位发生的未实现内部交易损失，按照《企业会计准则第8号——资产减值》等有关规定属于资产减值损失的，应当全额确认。

③其他综合收益的处理

当被投资单位其他综合收益发生变动时，投资企业应当按照归属于本企业的部分，相应调整长期股权投资的账面价值，同时增加或减少其他综合收益。

④被投资单位所有者权益其他变动的处理

采用权益法核算时，投资企业对于被投资单位除净损益、其他综合收益以及利润分配以外所有者权益的其他变动，应按照持股比例与被投资单位所有者权益的其他变动、计算归属于本企业的部分，相应调整长期股权投资的账面价值，同时增加或减少资本公积（其他资本公积）。被投资单位除净损益、其他综合收益以及利润分配以外的所有者权益的其他变动主要包括：被投资单位接受其他股东的资本性投入、被投资单位发行可分离交易的可转换公司债券中包含的权益成分、以权益结算的股份支付等。

三、长期股权投资的减值及处置概述

（一）长期股权投资的减值

长期股权投资在按照规定进行核算确定其账面价值的基础上，如果存在减值迹象的，应当按照相关准则的有关规定计提减值准备。长期股权投资减值原则如图 2-7 所示。

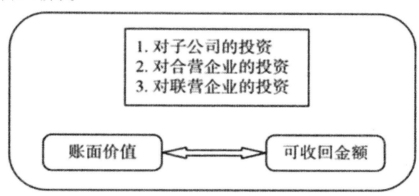

图 2-7　长期股权投资减值确认指标对比

（二）长期股权投资的处置

企业在某些情况下，出于对各方面的考虑，可能会将长期股权投资进行处置而收回。企业决定将所持有的对被投资单位的股权全部或部分对外出售时，应相应结转与所售股权相对应的长期股权投资的账面价值，将出售所得价款与处置长期股权投资账面价值之间的差额确认为当期损益。

（三）会计相关核算知识

1. 账户设置

"长期股权投资减值准备"科目用于核算企业计提的长期股权投资的减值准备。贷方登记在资产负债表日，长期股权投资发生减值的金额，借方登记处置长期股权投资时，应转回已计提的长期股权投资准备，期末余额一般在贷方，反映企业已计提但尚未转销的长期股权投资减值准备。本科目按被投资单位进行明细核算。

2.具体核算

（1）长期股权投资的减值

企业在资产负债表日，根据资产减值或金融工具确认和计量准则确定的长期股权投资发生减值的，按应减记的金额，借记"资产减值损失"科目，贷记"长期股权投资减值准备"科目。处置长期股权投资时，应同时结转已计提的长期股权投资减值准备。长期股权投资减值流程如图 2-8 所示。

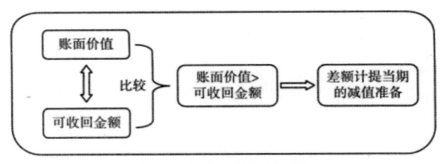

图 2-8　长期股权投资减值流程

长期股权投资减值损失一经确认，在以后会计期间不得转回。

（2）长期股权投资的处置

长期股权投资处置的核算。企业在某些情况下出于对各方面的考虑，可能会将长期股权投资进行处置而收回。企业决定将所持有的对被投资单位的股权全部或部分对外出售时，应相应结转与所售股权相对应的长期股权投资的账面价值，将出售所得价款与处置长期股权投资账面价值之间的差额确认为当期损益。

处置长期股权投资的会计处理时，应按实际收到的金额，借记"银行存款"等科目，原已计提减值准备的，借记"长期股权投资减值准备"科目，按其账面余额，贷记"长期股权投资"科目，按尚未领取的现金股利或利润，贷记"应收股利"科目，按其差额贷记或借记"投资收益"科目。处置采用权益法核算的长期股权投资时，还应按处置长期股权投资的投资成本比例结转原记入"其他综合收益"科目的余额，借记或贷记"其他综合收益"科目，贷记或借记"投资收益"科目。

第三章 负债

第一节 负债概述

一、负债的含义及特征

负债是指由于企业过去的交易或事项形成的、预期会导致经济利益流出企业的现时义务。其特点主要包括：（1）负债是基于企业过去已经发生的交易或事项形成的。如企业向供货商购买货物时应当支付但是尚未支付的款项，借入银行借款而产生的偿还借款本息的义务等。而企业未来将要发生的交易或事项，如计划向银行借入的款项，则不是负债。（2）负债是企业承担的现时义务，一般具有法定的约束力。现时义务是指企业在现行条件下已经承担的义务。未来将要发生的交易或事项不属于现时义务。（3）负债的发生往往伴随着资产或劳务的取得，或者费用、损失的发生。负债通常需要在未来某一特定时日用劳务或资产进行偿付。负债按流动性分类，可以分为流动负债和非流动负债。

二、流动负债

（一）流动负债的概念

流动负债是指企业将在1年或者虽然超过1年但是仍然属于在一个营业周期以内偿还的债务。流动负债主要包括：短期借款、应付票据、应付账款、预收账款、应付职工薪酬、应交税费、应付利息、应付股利、其他应付款等。流动负债具有以下特点：（1）偿还期限短。流动负债的偿还期限一般都在1年或虽然超过 1 年但是仍然属于一个营业周期以内。（2）通常要用企业的流动资产或者流动负债来偿还。

（二）流动负债的计价

流动负债的计价以负债成立之日的实际发生额确认。理论上，负债的计价应以未来应付金额的现值为基础，而未来应付金额通常是由负债发生日的有关交易或契约合同决定的。大多数流动负债是属于货币性质的，它们必须于未来的某一时日用固定数额的货币来偿还。虽然负债的现行价值是未来支付金额的贴现值，但是流动负债一般都要在短期内偿还，其贴现额通常并不重要，为简化起见，通常都以未来应付金额计价。

三、非流动负债

（一）非流动负债的概念

非流动负债（也称长期负债）是指流动负债以外的偿还期限在 1 年以上（不包括 1 年）的负债，主要包括长期借款、应付债券、长期应付款等。是企业筹措长期资金的一项重要来源，通常用于企业扩展经营规模、购置大型设备、扩建厂房等。

（二）非流动负债的分类

非流动负债一般可以分为以下几类：

1. 长期借款

长期借款是指企业向银行或者其他金融机构借入的，期限在 1 年以上（不含 1 年）的各种借款。

2. 应付债券

应付债券是指依照法律程序发行的，约定在将来的一定期限内还本付息的有价证券。债券的发行期限大多在 1 年以上，因此通过发行债券的方式筹措的资金一般都属于非流动负债资金。

按照发行债券是否有抵押品可以把债券划分为：

（1）抵押债券，即以发行企业的一定财产作为抵押担保而发行的债券。可以作为抵押品的有不动产，比如土地、房屋等；动产，比如机器、设备、商品等；信托资产，比如股票、债券及其他信用工具。

（2）信用债券，即没有特定的财产作为担保而发行的债券，仅凭借发行企业的信誉和经济实力来保证按期支付债券的本息。

3. 长期应付款

长期应付款主要有应付融资租入固定资产的租赁费和以分期付款方式购入固定资产等发生的应付款项等。

第二节　短期借款

一、短期借款概述

短期借款是指企业向银行或者其他金融机构借入的期限在 1 年以内（包括 1 年）的各种借款。短期借款一般是企业为了维持正常的生产经营活动所需而借入的资金，或者为了抵偿某项债务而借入的款项。

二、会计相关核算知识

（一）账户设置

为了总括反映短期借款的增减变动和结余情况，应设置"短期借款"科目。该账户属于负债类，贷方登记取得借款的本金数额，借方登记偿还借款的本金数额，余额在贷方，表示尚未偿还的短期借款的数额。本科目可以按照借款种类、贷款人和币种进行明细核算。

（二）具体核算

短期借款的核算主要涉及三个方面的内容：取得短期借款的核算、短期借款利息的核算和归还短期借款的核算。

1. 取得短期借款的核算

企业借入的短期借款，按实际借入金额，借记"银行存款"科目，贷记"短期借款"科目。

2. 短期借款利息的核算

由于短期借款是一种融资行为，因此短期借款的利息作为一项理财费用计入当期损益，不通过"短期借款"科目核算。但是如果短期借款是为企业购入固定资产而专门借入的款项，则应该按照《企业会计准则第 17 号——借款费用》的规定，按照资本化原则进行处理。根据各期发生的借款利息金额的大小有两种处理方法：

如果短期借款利息支出是按月支付，或者是在借款到期时连同本金一并支付且利息的数额比较小的，平时不确认各月损益应负担的利息，而是在实际支付利息时直接计入当期财务费用。企业实际支付利息时，借记"财务费用"科目，贷记"银行存款"科目。

如果利息是按期支付，或者是在借款到期时连同本金一并支付且利息的数额比较大的，应按月预提短期借款的利息。预提时，借记"财务费用"科目，贷记"应付利息"科目；实际支付利息时，借记"应付利息"科目，贷记"银行存款"科目。

在资产负债表日，应当按照实际利率计算短期借款的利息，并使用上述方法作相应的会计处理。如果实际利率与借款合同约定的名义利率差异很小，也可以用合同约定的名义利率来计算短期借款的利息费用。

3. 归还短期借款的核算

归还短期借款时，按偿还的短期借款的本金的金额借记"短期借款"科目，贷记"银行存款"科目。

第三节　应付及预收款项

一、应付账款概述

（一）应付账款的含义

应付账款是指企业因购买材料、商品和接受劳务供应而应该支付给供应单位的款项。这笔款项在未支付之前构成企业的一项负债。

（二）应付账款的确认

1. 应付账款入账时间的确定

从理论上讲，应付账款入账时间的确定，应当以所购货物所有权的转移或者接受劳务的发生为标志。但是在实际工作中，一般以收到发票账单的时间为应付账款的入账时间。如果货物已到而发票账单未到，由于应付账款要根据发票账单登记入账，因此可以暂不入账，待发票账单到达时再据以入账；若月末发票账单仍未到达，由于这笔负债已经成立，为了真实地反映企业的负债情况，应对所购货物按照暂估价值入账，下月初作相反的账务处理。待发票账单到达后，按实际金额入账。

2. 应付账款入账价值的确定

应付账款一般以到期日偿付金额入账，不考虑到期应付金额的现值。企业在购买货物时，应付账款的入账金额可以分别采用总价法和净价法进行不同的会计处理。

（1）总价法，是指应付账款按发票上记载的未扣除现金折扣的应付金额总值入账。如果企业在折扣期内支付了货款而享受了现金折扣，可以视为一项理财收益，冲减当期财务费用。

（2）净价法，是指应付账款按照发票上记载的应付金额总值扣除现金折扣后的净值入账。如果企业超过折扣期付款而丧失了现金折扣，可以作为一项理财费用，需增加当期的财务费用。

在我国会计实务中，大多采用总价法进行处理，其优点在于可以在资产负债表上反映较高的负债，符合稳健性原则的要求，而且会计处理程序简单。而净价法更有利于企业理财，购货单位因理财不善而损失的现金折扣反映在利润表的项目中，容易引起企业管理当局的重视。

（三）会计相关核算知识

1. 账户设置

为了总括反映应付账款的增减变动和结余情况，企业应设置"应付账款"科目。该账户属于负债类，该科目贷方登记企业购买材料、商品和接受劳务等而发生的应付账款，借方登记偿还的应付账款，或者开出商业汇票抵付应付账款的款项，以及已冲销的无法支付的应付账款。余额在贷方，表示企业尚未支付的应付账款余额。本科目按照债权人进行明细核算。

2. 具体核算

（1）发生应付账款

企业购入材料、商品或者接受劳务等所产生的应付账款，应按应付金额入账。企业购入材料、商品等验收入库，但货款尚未支付，根据有关凭证（发票账单、随货同行发票上记载的实际价款或者暂估价值），借记"材料采购""在途物资"等科目，按照可抵扣的增值税进项税额，借记"应交税费——应交增值税（进项税额）"科目，按照应付的价款，贷记"应付账款"科目。企业接受供应单位提供的劳务而发生的应付未付项，根据供应单位的发票账单，借记"生产成本""管理费用"等科目，贷记"应付账款"科目。

应付账款附有现金折扣的，应当按照扣除现金折扣前的应付账款总额入账，如果在折扣期限内付款而获得了现金折扣，应当在偿付应付账款时冲减当期的财务费用。

（2）偿还应付账款

企业偿付应付账款或者开出商业汇票抵付应付账款时，借记"应付账款"科目，贷记"银行存款""应付票据"等科目。

（3）转销应付账款

如果企业发生确实无法支付的应付账款，应按照其账面余额计入营业外收入，借记"应付账款"科目，贷记"营业外收入"科目。

二、应付票据概述

应付票据是指企业购买材料、商品或者接受劳务供应等而开出、承兑的商业汇票，商业汇票在尚未到期前，构成企业的一项负债，期末反映在资产负债表上的应付票据项目内。商业汇票按承兑人不同分为商业承兑汇票和银行承兑汇票。企业应当设置"应付票据备查簿"，详细登记商业汇票的种类、号数和出票日期、到期日、票面余额、交易合同号和收款人姓名以及付款日期和金额等资料。应付票据到期清算时，应当在备查簿予以注销。

1. 账户设置

为了总括反映应付票据的增减变动和结余情况，企业应设置"应付票据"科目。该科目反映企业因购买材料、商品和接受劳务等而开出、承兑的商业汇票。贷方登记开出、承兑商业汇票的面值，借方登记支付应付票据的金额，余额在贷方，表示企业尚未到期的商业汇票的票面金额。

2.具体核算

（1）发生应付票据

通常而言，商业汇票的付款期限不超过 6 个月，因此在会计上应作为流动负债管理和核算。同时，由于应付票据的偿付时间较短，在实务中，一般均按开出、承兑的应付票据的面值入账。

如果企业开出的商业汇票为不带息票据，则直接按票据的面值入账。借记"材料采购""应交税费——应交增值税（进项税额）"等科目，贷记"应付票据"科目。如果企业开出的是银行承兑汇票，支付给银行的手续费，应当计入当期财务费用，借记"财务费用"科目，贷记"银行存款"科目。

（2）偿还应付票据

应付票据到期支付票款时，应按账面余额予以结转，借记"应付票据"科目，贷记"银行存款"科目。

（3）转销应付票据

应付商业承兑票据到期时，如果企业无力支付票款，应按照票据的账面余额，借记"应付票据"科目，贷记"应付账款"科目。

如果到期的是银行承兑汇票，企业到期无力支付票款，银行按照规定将为企业代付票款，并将其作为企业的逾期贷款处理。企业应按照票据的账面余额，借记"应付票据"科目，贷记"短期借款"科目。

此外，如果企业开出的商业汇票为带息票据，应按票据的面值入账。借记"材料采购""应交税费——应交增值税（进项税额）"等科目，贷记"应付票据"科目。在票据持有期间，应在每期期末计算应付利息，借记"财务费用"科目，贷记"应付票据"科目。票据到期支付本息时，应按票据的账面余额，借记"应付票据"科目，按照最后一期未记的利息借记"财务费用"科目，贷记"银行存款"科目。

三、预收账款概述

预收账款是指企业按照合同规定向购货单位预收的款项。与应付账款不同，预收账款所形成的负债不是以货币偿付，而是以货物偿付。有些购货合同规定，销货企业可以向购货企业预先收取一部分货款，待向对方发货后再收取其余货款。企业在发货前收取货款，表明企业承担了须在未来履行的发货义务，从而形成企业的一项负债。

1. 账户设置

为了总括反映预收账款的增减变化和结余情况，企业应设置"预收账款"科目。该科目核算企业按照合同规定预收的款项。贷方登记预收的款项以及补收的款项，借方登记发出货物的款项。余额在贷方，反映企业预收的款项；余额在借方，反映企业尚未转销的款项。本科目可按购货单位进行明细核算。

2. 具体核算

在企业预收款业务不多的情况下，为了简化起见，企业也可以不设置"预收账款"科目，预收款业务的核算通过"应收账款"科目进行核算。这种情况下，企业在期末编制会计报表时，需要根据"应收账款"科目的明细科目余额进行分析并填列应收账款项目金额。

向购货单位预收款项时，借记"银行存款"等科目，贷记"预收账款"科目。销售实现时，按照实现的收入和应交的增值税销项税额，借记"预收账款"科目，贷记"主营业务收入""应交税费——应交增值税（销项税额）"科目。如果企业应收的销售货款大于预收的款项，收到购货单位补付的货款时，借记"银行存款"科目，贷记"预收账款"科目；如果预收的款项大于应收的销售货款，退回购货单位多付的款项时，则应该作相反的会计分录。

第四节　应付职工薪酬

一、职工薪酬概述

（一）职工薪酬的含义

1. 职工的含义

职工是指与企业订立正式劳动合同的所有人员，包括全职、兼职和临时职工，也包括未与企业正式订立劳动合同，但由企业正式任命的人员，比如董事会成员、监事会成员和企业内部审计委员会成员等。另外，在企业的领导、计划和控制之下，虽未与企业订立正式的劳动合同或未由其正式任命，但为企业提供了与职工类似服务的人员，也应纳入职工的范畴。

2. 职工薪酬的含义

职工薪酬是指企业为获得职工提供的服务而给予各种形式的报酬以及其他相关支出。包括职工在职期间和离职后提供给职工的全部货币性薪酬和非货币性薪酬。企业提供给职工配偶、子女或者其他被赡养人的福利等，也属于职工薪酬。

（二）职工薪酬的内容

职工薪酬包括短期薪酬、离职后福利、辞退福利和其他长期职工福利。

1. 短期薪酬

短期薪酬是指企业在职工提供相关服务的年度报告期间结束后 12 个月内需要全部予以支付的职工薪酬，但因解除与职工的劳动关系给予的补偿除外。短期薪酬具体包括以下内容：

（1）职工工资、奖金、津贴和补贴

职工工资、奖金、津贴和补贴，是指按照国家统计局的规定构成工资总额的计时工资、计件工资、支付给职工的超额劳动报酬和增收节支报酬，为了补偿职工特殊或额外的劳动消耗和因其他特殊原因支付给职工的津贴，以及为了保证职工工资水平不受物价影响支付给职工的物价补贴等。其中，企业按照短期奖金计划向职工发放的奖金属于短期薪酬，按照长期奖金计划向职工发放的奖金属于其他长期职工福利。

（2）职工福利费

职工福利费是指企业准备用于企业职工福利方面的资金。是企业使用了职工的劳动技能、知识等以后除了有义务承担必要的劳动报酬外，还必须承担的职工福利方面的义务。职工福利费主要用于职工的医疗费，医护人员的工资，医务经费，职工因公负伤赴外地就医路费，职工生活困难补助，职工浴室、理发店、幼儿园、托儿所人员的工资，以及按照国家规定开支的其他福利支出。

（3）医疗保险费、工伤保险费和生育保险费

医疗保险费、工伤保险费和生育保险费是指企业按照国家规定的基准和比例计算，向社会保险经办机构交纳的医疗保险费、工伤保险费和生育保险费。

（4）住房公积金

住房公积金，是指企业按照国家《住房公积金管理条例》规定的基准和比

例计算，向住房公积金管理机构缴存的费用。

（5）工会经费和职工教育经费的核算

工会经费，凡是建立工会组织的全民所有制企业和集体所有制企业、事业单位和机关，应于每月 15 日以前按照上月全部职工工资总额的 2%，向工会部交当月份的工会经费。

职工教育经费，是为适应经济建设的需要，加强职工培训，提高企业职工队伍素质，按照列入成本的职工工资总额的 1.5% 提取的费用。

（6）短期带薪缺勤

短期带薪缺勤，是指职工虽然缺勤但企业仍向职工支付报酬，包括年休假、病假、婚假、产假、丧假、探亲假等。长期带薪缺勤属于其他长期职工福利。

（7）短期利润分享计划

短期利润分享计划，是指因职工提供服务而与职工达成的基于利润或其他经营成果提供薪酬的协议。长期利润分享计划属于其他长期职工福利。

（8）其他短期薪酬

其他短期薪酬，是指除上述薪酬以外的其他未获得职工提供服务而给予的报酬。

2. 离职后福利

离职后福利，是指企业为获得职工提供的服务而在职工退休或与企业解除劳动关系后，提供的各种形式的报酬和福利，短期薪酬和辞退福利除外。企业应当将离职后福利计划分类为：设定提存计划和设定受益计划。离职后福利计划，是指企业与职工就离职后福利达成的协议，或者企业为向职工提供离职后福利制定的规章或政策等。其中设定提存计划，是指向独立的基金缴存固定费用后，企业不再承担进一步支付义务的离职后福利计划；设定受益计划，是指除设定提存计划以外的离职后福利计划。

3. 辞退福利

辞退福利，是指企业在职工劳动合同到期之前解除与职工的劳动关系，或者为鼓励职工自愿接受裁减而给予职工的补偿。企业向职工提供辞退福利的，应当在下列两者日确认辞退福利产生的职工薪酬负债，并计入当期损益：（1）企业不能单方面撤回因解除劳动关系或裁减所提供的辞退福利。（2）企业确认与涉及支付辞退福利相关的成本或费用时。

辞退福利通常采取解除劳动关系时一次性支付补偿的方式，也有通过提高退休后养老金或者其他离职后福利标准的方式，或者将职工薪酬的工资部分支付到辞退后未来某一期末。

4. 其他长期职工福利

其他长期职工福利，是指除短期薪酬、离职后福利、辞退福利之外所有的职工薪酬，包括长期带薪缺勤、长期残疾福利、长期利润分享计划等。

二、应付职工薪酬核算

（一）应付职工薪酬的确认与计量

职工薪酬的确认原则：企业应当在职工为其提供服务的会计期间，将职工薪酬（不包括辞退福利）确认为负债，并根据职工提供服务的受益对象，分别进行下列情况处理：（1）应由生产产品、提供劳务负担的职工薪酬，计入产品成本或劳务成本；（2）应由在建工程、无形资产开发成本负担的职工薪酬，计入建造固定资产或无形资产的开发成本；（3）上述两项之外的其他职工薪酬，计入当期损益。

职工薪酬的计量标准：计量应付职工薪酬时，国家规定了计提基础和计提比例的，应当按照国家规定的标准计提。比如，应向社会保险经办机构等缴纳的医疗保险费、养老保险费、失业保险费、工伤保险费、生育保险费等社会保险费，应向住房公积金管理机构缴存的住房公积金，以及工会经费和职工教育经费等，应当在职工为其提供服务的会计期间，根据工资总额的一定比例计算确定。国家没有规定计提基础和计提比例的，企业应当根据历史经验数据和实际情况，合理预计当期应付职工薪酬。当期实际发生金额大于预计金额的，应当补提应付职工薪酬；当期实际发生金额小于预计金额的，应当冲减多提的应付职工薪酬。

（二）账户设置

为了反映应付职工薪酬的增减变化和结余情况，企业应设置"应付职工薪酬"科目。该科目核算企业内根据有关规定应付给职工的各种酬薪。贷方登记已分配计入有关成本费用项目的职工薪酬数额，借方登记实际发放职工薪酬的数额，余额在贷方，反映企业应付未付的职工薪酬。应付职工薪酬应当按照"工资、奖金、津贴和补贴""职工福利""社会保险费""住房公积金""工会经费和职工教育经费""带薪缺勤""利润分享计划""设定提存计划""设定受益计划义务""辞退福利"等职工薪酬项目设置明细账,进行明细核算。

(三)具体核算

企业应当在职工为其提供服务的会计期间,将实际发生的短期薪酬确认为负债,并计入当期损益,其他会计准则要求和允许计入资产成本的除外。

1. 货币性职工薪酬

(1)工资、奖金、津贴和补贴。

①工资的基本构成。职工工资是企业支付给职工的劳动报酬,是企业使用职工的知识、技能、时间和精力而给予的一种补偿。企业职工工资在尚未支付之前,构成一项企业对职工的负债。企业应付给职工的工资总额由基本工资、奖金、津贴、补贴等构成。基本工资按照不同的计算标准分为:计时工资和计件工资。

工资的组成内容:

计时工资,指按照职工的计时工资标准(包括地区生活费补贴)和工作时间应支付给职工的劳动报酬。实行结构工资制的企业,支付的计时工资包括基础工资和职务(岗位)工资。

计时工资的计算:

计时工资 = 应付计时工资 + 经常性奖金 + 工资性津贴 + 补贴

计件工资,指对已完成的计件工作,按照计件单价和每个人加工完成的计件产品的数量计算的应支付给职工的劳动报酬。

计件工资的计算:

计件工资 = 应付计件工资 + 经常性奖金 + 工资性津贴 + 补贴

②奖金。奖金是指支付给职工的超额劳动报酬和增收节支的劳动报酬。包括生产奖(超产奖、质量奖、安全奖、年终奖)、节约奖、劳动竞赛奖和其他奖金。

③津贴。是指为了补偿职工特殊或者额外的劳动消耗和因为特殊原因支付给职工的费用。包括补偿职工特殊或者额外劳动消耗的津贴(高温作业的临时补贴、冷库低温补贴、夜班津贴、中班津贴、班长津贴、保健津贴、年工性津贴和其他津贴)。

④补贴。为了保证职工工资水平不受物价水平变动的影响而支付给职工的

物价补贴。

（2）工资发放的核算。企业应根据劳动工资制度的规定，根据考勤记录、工时记录、产量记录、工资标准、工资等级等，编制工资结算单，计算各种工资。财务部门应将工资结算单进行汇总，制作工资汇总表，按照规定手续从银行提取现金时，借记"库存现金"科目，贷记"银行存款"科目。支付工资时，借记"应付职工薪酬——工资、奖金、津贴和补贴"科目，贷记"库存现金"科目。

在发放职工工资时，会出现一些从应付职工薪酬总额中代扣的款项，比如为职工代垫的房租、代垫的家属药费、个人所得税等。企业应借记"应付职工薪酬"科目，贷记"其他应收款""其他应付款""应交税费——应交个人所得税"等科目。企业按照规定发放给职工的住房补贴专户存储时，借记"应付职工薪酬——工资、奖金、津贴和补贴"科目，贷记"银行存款"科目。

（3）工资分配的核算。企业月度终了，应该将本月所出现的工资费用进行分配。在进行工资费用的分配时，可以按照本月考勤记录等计算的工资进行分配，分配后"应付职工薪酬——工资、奖金、津贴和补贴"科目无余额。该方法适用于各月之间工资水平变动不大的企业。在各月之间工资水平变动较大的企业，也可以按照上月考勤记录等计算的工资进行分配，工资分配完成后，"应付职工薪酬——工资、奖金、津贴和补贴"科目可能会出现余额，分别反映应付未付的工资（贷方余额）和多付工资（借方余额）。进行工资费用分配时，应按照职工所在岗位进行分配，其中生产工人的工资应借记"生产成本"科目，车间管理人员的工资应借记"制造费用"科目，行政管理部门人员和工会人员的工资应借记"管理费用"科目，销售部门人员的工资应借记"销售费用"科目，工程施工人员的工资借记"在建工程"科目，医务福利人员的工资应借记"应付职工薪酬——职工福利费"；同时按照应付的职工薪酬总额贷记"应付职工薪酬——工资、奖金、津贴和补贴"科目。

（4）职工福利费。企业中职工福利费的资金来源，包括从费用中提取和从税后利润中提取两个渠道。计提的职工福利费在尚未使用之前，形成企业对职工的一项负债。按照规定从费用中提取的职工福利费，应该按照职工所在岗位进行分配，借记"生产成本""制造费用""管理费用""销售费用"等有关科目，贷记"应付职工薪酬——职工福利费"科目，按照医务福利部门人员工资总额的一定比例计提的职工福利费，应借记"管理费用"科目。

（5）国家规定计提标准的职工薪酬。对于国家规定了计提基础和计提比例的医疗保险费、工伤保险费、生育保险费等社会保险费和住房公积金，以及按规定提取的工会经费和职工教育经费，企业应当在职工为其提供服务的会计期间，根据规定的计提基础和计提比例计入当期损益或相关资产成本，借记"生产成本""制造费用""管理费用""销售费用"等有关科目，贷记"应付职工薪酬"科目。

（6）短期带薪缺勤。对于职工带薪缺勤，企业应当根据其性质及职工享有的权利，分为累积带薪缺勤和非累积带薪缺勤两类。企业应当对累积带薪缺勤和非累积带薪缺勤分别进行会计处理。如果带薪缺勤属于长期带薪缺勤的，应当作为其他长期职工福利处理。

①累积带薪缺勤。累积带薪缺勤，是指带薪缺勤权利可以结转下期的带薪缺勤，本期尚未用完的带薪缺勤权利可以在未来使用。婚丧假、产假、病假等带薪休假权利不能结转下期，所以累积带薪缺勤主要是累积带薪年休假。新修订颁布的《企业会计准则第9号——职工薪酬》规定，企业应当在职工提供服务从而获得了其未来享有的带薪缺勤权利时，确认与累积带薪缺勤相关的职工薪酬，并以累积未行使权利而增加的预期支付金额计量，按照权责发生制原则，累积带薪年休假应按月确认，这样将使每月生产经营成本承担的金额更加合理。确认累积带薪缺勤时，借记"管理费用"等科目，贷记"应付职工薪酬——带薪缺勤——短期带薪缺勤——累积带薪缺勤"科目。

②非累积带薪缺勤。非累积带薪缺勤，是指带薪权利不能结转下期的带薪缺勤，如果当期权利没有行使完，就予以取消，并且职工在离开企业时对未使用的权利无权获得现金。非累积带薪缺勤，诸如婚假、产假、丧假、病假等带薪休假权利不存在递延性，带薪权利不能结转下期，职工提供的服务本身不能增加其能够享受的福利金额，一般是在缺勤期间计提应付工资薪酬时一并处理，因此，会计期末务必将企业未享受的非累积带薪缺勤作为一项负债挂账。

但是，如果职工放弃非累积带薪休假权利，企业就没有任何货币补偿，则不作会计处理，如果有一定金额的货币补偿，企业就应该在补偿当期确认一项负债计入当期的成本费用中。

2. 非货币性职工薪酬

非货币性职工薪酬主要为非货币性福利，通常包括企业以自己的产品或者其他有形资产作为福利发放给职工，将企业拥有的资产无偿提供给职工使用，为职工无偿提供类似医疗保健等服务等。

（1）非货币性职工薪酬的确认。企业以其自产产品作为非货币性福利发放给职工的，应当根据受益对象，按照产品的价值，计入相关资产成本或当期损益，同时确认应付职工薪酬，借记"生产成本""制造费用""管理费用"等科目，贷记"应付职工薪酬——非货币性福利"科目。

将企业拥有的住房等资产无偿提供给职工使用的，应当根据受益对象，将该资产计提的折旧，计入相关资产成本或当期损益，同时确认应付职工薪酬，借记"生产成本""制造费用""管理费用"等科目，贷记"应付职工薪酬——非货币性福利"科目，并且同时借记"应付职工薪酬——非货币性福利"科目，贷记"累计折旧"科目。

企业租赁住房等资产无偿提供给职工使用的，应当根据受益对象，将该资产每期支付的租金，计入相关资产成本或当期损益，同时确认应付职工薪酬，借记"生产成本""制造费用""管理费用"等科目，贷记"应付职工薪酬——非货币性福利"科目，并且同时借记"应付职工薪酬——非货币性福利"科目，贷记"银行存款""其他应付款"等科目。

（2）非货币性职工薪酬的发放。企业以自产产品作为职工薪酬发放给职工时，应该作为视同销售处理，确认主营业务收入，计算缴纳增值税，借记"应付职工薪酬——非货币性福利"科目，贷记"主营业务收入""应交税费——应交增值税（销项税额）"（一般纳税人）科目，同时结转相关成本。企业支付租赁住房等资产供职工无偿使用所产生的租金，借记"应付职工薪酬——非货币性福利"科目，贷记"银行存款""其他应付款"等科目。

第四章　会计内部控制概论

第一节　内部控制概述

一、内部控制的概念

内部控制是指一个单位为了实现其经营目标，保证资产的安全完整，保证会计信息资料的正确可靠，确保经营方针的贯彻执行，保证经营活动的经济性、效率性和效果性而在单位内部采取的自我调整、约束、规划、评价和控制的一系列方法、手段与措施的总称。"内部控制"是外来语，其理论的发展经过了一个漫长的时期。最早，内部控制制度思想认为内部控制应分为：会计内部控制和内部管理控制（或称内部业务控制）两个部分，前者在于保证企业资产、检查会计数据的准确性和可靠性；后者在于提高经营效率、促使有关人员遵守既定的管理方针。西方学术界在对会计内部控制和管理控制进行研究时，逐步发现这两者是不可分割、相互联系的，因此在 20 世纪 80 年代提出了内部控制结构的概念，认为企业的内部控制结构包括"合理保证企业特定目标的实现和建立的各种政策和程序"，并且明确了内部控制结构的内容为控制环境、会计制度和控制程序三个方面。在 20 世纪 90 年代美国提出内部控制整体框架思想后，西方学者对内部控制的认识才逐步统一起来。

1992 年美国一个专门研究内部控制问题的委员会，即 COSO 委员会发布了《内部控制的整体框架》报告。该报告指出内部控制是由一个企业董事会、管理人员和其他职员共同组成并且实施的一个过程，其目的是提高经营活动的效率，确保财务报告的可靠性，为促使与可适用的法律相符合而提供一种合理的保证。尽管这一定义包含的内容很宽泛，但是也存在一定的片面性，如报告缺乏保障资产的概念，对风险强调得不够等。为此，COSO 委员会在 2004 年 10 月颁布的《企业风险管理—整合框架》（简称 ERM 框架）中对内部控制的定义做了更加细化的阐述，指出内部控制的定义包括以下内容：（1）是一个过程；（2）被人影响；（3）应用于战略制定；（4）贯穿整个企业的所有层级和单位；（5）旨在识别影响组织的实践，并在组织的风险偏好范围内管理风险；（6）合理保证；（7）为了实现各类目标。对比 1992 年报告的定义，ERM 概念要细化得多，不仅提出了对保护资产概念的运用，将纠正错误的管理行为明确地列为控制活动之一，还提出了风险偏好、风险容忍度等概念，使得 ERM 的定义更加明确、具体。本章的内部控制概念，即遵循 ERM 框架中对内部控制的界定。

二、内部控制的目标及作用

（一）内部控制的目标

内部控制的目标是指内部控制对象应达到的目标或想要达到的效果。从内部控制产生、发展的过程看，早期内部控制的目标是比较狭隘的，多局限于资金和财产的保护，防止欺诈和舞弊行为。而随着全球经济一体化的发展，企业兼并的浪潮一浪高过一浪，公司规模不断扩大，股权进一步分散，所有权和经营权更加分离，使得在现代企业制度下的内部控制不是传统的查弊和纠错，而是涉及企业的各个方面，内部控制目标呈现出多元化趋势，不仅包括保证财产的安全完整，检查会计资料的准确、可靠，还将企业贯彻的经营方针以及提高经营效率纳入其中，这也是公司对内部控制提出的要求。在 1994 年《内部控制—整体框架》中，内部控制有三个目标：经营的效果和效率、财务报告的可靠性和法律法规的遵循性。在 2004 年 10 月颁布的《企业风险管理—整合框架》中，除了经营目标和合法性目标与内部控制整体框架相似以外，还将"财务报告的可靠性"发展为"报告的可靠性"。ERM 将报告拓展到"内部的和外部的""财务和非财务的报告"，该目标涵盖了企业的所有报告。除此之外，新 COSO 报告提出了一类新的目标—战略目标。该目标比其他三个目标更高，企业的风险管理在应用于实现企业其他三个目标的过程中，也应用于企业的战略制定阶段。

（二）内部控制的作用

现代内部控制作为一种先进的单位内部管理制度，在现代经济生活中发挥着越来越重要的作用。企业内部控制制度的完善严密与否，执行情况的好坏，直接关系到企业的兴衰成败、生死存亡。内部控制是企业提高经营效益、稳健发展的有效手段。企业规模越大，业务越复杂，其重要性就越为显著。建立健全内部控制，并恰当运用它，有利于减少疏忽、错误与违纪违法行为，有利于激励进取，促进企业有效发展。

随着社会主义市场经济体制的建立，内部控制的作用会不断提高。目前，它在经济管理和监督中主要有以下作用：

1. 提高会计信息资料的正确性和可靠性

企业决策层要想在瞬息万变的市场竞争中有效地管理经营企业，就必须及时掌握各种信息，以确保决策的正确性，并可以通过控制手段尽量提高所获信息的准确性和真实性。因此，建立内部控制系统可以提高会计信息的正确性和可靠性。

2. 保证生产和经管活动顺利进行

内部控制系统通过确定职责分工，严格各种手续、制度、工艺流程、审批程序、检查监督手段等，可以有效地保证本单位生产和经营活动顺利进行、防止出现偏差，防止失误和弊端，保证实现单位的经营目标。

3. 保护企业财产的安全完整

财产物资是企业从事生产经营活动的物质基础。内部控制可以通过适当的方法对货币资金的收入、支出、结余以及各项财产物资的采购、验收、保管、领用、销售等活动进行控制、防止贪污、盗窃、滥用、毁坏等违法行为，保证财产物资的安全完整。

4. 保证企业既定方针的贯彻执行

企业决策层不但要制定管理经营方针、政策、制度，而且要狠抓贯彻执行。内部控制则可以通过制定办法、审核批准、监督检查等手段促使全体职工贯彻和执行既定的方针、政策和制度，同时，可以促使企业领导和有关人员执行国家的方针、政策。在遵守国家法律法规的前提下认真贯彻企业的既定方针。

5. 为审计工作提供良好基础

审计监督必须以真实可靠的会计信息为依据，检查错误，揭露弊端，评价经济责任和经济效益，而只有具备了完备的内部控制制度，才能保证信息的准确、资料的真实，并为审计工作奠定良好的基础。总之，良好的内部控制系统可以有效地防止各项资源的浪费和错弊的发生，提高生产、经营和管理效率，降低企业成本费用，提高企业经济效益。

归纳起来，内部控制主要有以下作用：

（1）统驭作用

内部控制涉及企业中所有机构和所有活动及具体环节，由点到线、由线到面、逐级结合、统驭整体。一个企业虽有不同的部分，但要达到经营目标，必须全面配合，发挥整体的作用。内部控制正是利用会计、统计、业务部门、审计等各部门的制度规划以及有关报告等作为基本工具，以实现综合与控制的双重目标，因此，内部控制具有统驭整体的作用。

（2）制约与激励作用

内部控制是对各种业务的执行是否符合企业利益及对既定的规范标准予以监督评价。适当的控制使企业各项经营按部就班的实施，以及达到预期的效果。由此可见，内部控制对管理活动能发挥制约作用，严密的监督与考核，能真实反映工作业绩，稳定员工的工作情绪，激发员工工作热情及潜能，提高工作效率。因此，内部控制也能发挥激励作用。

（3）促进作用

无论是管理还是控制，执行者都必须依据企业制订计划或政策目标，依据一定的规律对全部活动加以注意，发挥所长、力避所短，了解组织职能与各部门的相互关系，公正地检查和合理地评估各项业务。也就是说，执行者在运用内部控制手段时要重视制度设计、控制原则、了解业务部门的实际工作动态，从而及时发挥控制的影响力，促进管理目标的达成，因此，内部控制具有促进作用。

第二节　会计内部控制基础知识

一、会计内部控制的概念和目标

（一）会计内部控制的概念和分类

1. 会计内部控制的概论

内部控制作为一项重要的管理职能和市场经济的基础工作，是随着经济和企业的发展而不断发展的动态系统。内部控制包括会计内部控制和内部管理控制两个子系统。而会计内部控制是一项十分重要的管理手段。它通过一系列制度的制定，工作组织的规划，程序的编排以及恰当的措施，来保证会计主体的财产不受损失和有效使用，保证会计数据的完整可靠，保证国家财经政策和内部管理制度的贯彻执行，会计控制作为内部的核心显得尤为重要。

会计控制由"会计"与"控制"两个词复合而成。会计是经济管理的重要组成部分，它是通过收集、处理和利用经济信息，对经济活动进行组织、控制、调节和指导，促使人们权衡利弊、比较得失、讲求经济效果的一种管理活动。经济的发展和经济活动的复杂，要求会计不断地强化其对客观经济活动的调节、指导、约束和促进，也就是所说的会计控制职能。控制是现代会计的一项基本职能，这已成为人们的共识，也是人们对会计的认识由现象到本质逐渐深入的必然结果。会计控制是会计管理活动论的必然结果，也是会计管理活动论的重要内容。

根据上述控制的含义，如果将"会计"与"控制"两者结合起来，可将会计控制理解为：会计管理部门是为使会计主体的资金运动达到既定目标，而对约束条件所采取的一系列有组织的活动。它包括预测、决策，制定利润和成本目标，进行费用和资金预算及分解，组织实施、考核等环节。

2. 会计内部控制的分类

根据控制主体的不同，会计控制可划分：会计外部控制和会计内部控制。会计外部控制是指企业外部单位如国家、有关部门、中介组织等在被授权或者接收委托的情况下，对单位的会计工作和会计资料及其所体现的经济活动进行系统审查监督；而会计内部控制是指单位为提高会计信息质量、保护资产安全、完整，确保有关法律、法规和规章制度的贯彻执行而制定实施的一系列控制方法、措施和程序。会计内部控制不仅包括狭义的会计控制，还包括资产控制和为保护财产安全而实施的内部牵制。会计内部控制一般可以分为以下三种控制，即基础控制、纪律控制和实物控制。

（1）基础控制

基础控制是通过基本的会计活动和会计程序来保证能够完整、准确地记录一切合法的经济业务，及时发现处理过程和记录中出现的错误。基础控制是确保会计控制目标实现的首要条件，是其他会计控制的基础，主要包括凭证控制、账簿控制、报表控制、核对控制四个方面的内容。

（2）纪律控制

纪律控制就是为保证基础控制能充分发挥作用而进行的控制，它主要包括内部牵制和内部稽核。内部牵制是一种以事务分管为核心的自检系统，通过职责分工和业务程序的适当安排，使各项业务内容能自动被其他作业人员核对查证，从而达到相互制约、相互监督的目的。它主要通过两种方式实现：从纵向看，每项经济业务的处理都要经过上、下级有关人员之手，从而使上级受下级监督，下级受上级制约；从横向看，每项经济业务的处理至少要经过彼此不相隶属的两个部门的处理，从而使每个部门的工作或记录受另一个部门的牵制。内部牵制的核心是不相容职务的分离，所谓不相容职务是指两项或几项职务集中于一个人担任时，发生错误或舞弊的可能性就会增加。从广义上讲，内部稽核包括：由单位专设的内部审计机构进行的内部审计和由会计主管及会计人员进行的内部审核。内部审计是企业内部一种独立的审核工作，以检查会计、财务及其他业务作为对管理当局提供服务的基础。它是一种管理控制工作，其功能在于衡量与评定其他控制工作的效率。与内部审计不同，内部审核则是由会计主管及会计人员事前或事后，定期或不定期地检查有关会计记录，进行相互核对，确保会计记录正确无误的一种内控制度。此外内部审计与内部稽核的不同之处还在于前者依据审计的有关法规进行，是内控制度的重要组成部分，是全面审查内控制度的专门组织；而后者主要依据会计法规进行，是会计控制制度的重要内容。除了内部牵制和内部稽核外，纪律控制的内容还包括来自企业领导、其他横向职能部门及广大职工的内部监督。

（3）实物控制

实物控制是指为了保护企业实物资产的安全完整所进行的控制。一般包括以下几个方面的内容：①要求严格办理入库、出库手续。②建立安全、科学的保管制度。其中，安全保管要求在选择库址、仓库设施、安全保卫方面都要有相应的制度；科学保管要求财产物资分门别类地存放在指定仓库，并且在必要时应进行科学的编号，以便于发料、盘点。③财产物资要实行永续盘存制，随时在账上反映出结存数额。④建立完善的财产清查制度，妥善处理清查中发现的问题。⑤建立健全档案保管制度等。

基础控制、纪律控制、实物控制是相互联系、不可分割的，对任何一方面的疏忽都会影响其他控制作用的有效发挥。总体来说，基础控制侧重于保证会计信息的质量，实物控制侧重于保护财产物资的安全、完整，而纪律控制则是前两者最终得以实现的保障。

（二）会计内部控制的目标

目标是指人们在从事某项活动时预期所要达到的境地或结果。任何管理行为都是有目的的行为，会计内部控制作为一项管理活动也不例外。会计内部控制的目标是指内部控制对象应达到的目的或想要达到的效果。我国财政部颁布的《会计内部控制规范—基本规范》中明确指出会计内部控制应当实现以下目标：

1.规范单位会计个人行为，保证会计资料真实、完整。

2.堵塞漏洞，消除隐患，防止并及时发现、纠正错误及舞弊行为，保护单位资产的安全、完整。

3.确保国家有关法律法规和单位内部规章制度的贯彻执行。

这些目标从内部控制角度体现了不同利害关系人的利益要求，但随着公司制度的确立及发展，研究会计内部控制的目标仅仅从这三个方面来考虑是不完善的。在现代企业制度中，股东（所有者）与管理当局（经营者）之间存在着利益不一致，信息不对称、契约不完备的"三不"问题，会计作为一个信息系统在现代公司治理机构中扮演着信息提供者的重要角色，必然成为所有者干预和控制经营者的手段。但由于存在着"内部人控制"，会计信息的生成在很大程度上由管理当局把持，他们可能出于自身利益的考虑编造虚假的信息来欺骗所有者。

因此，在现代公司治理结构下，会计内部控制的职责就是要协调所有者和经营者之间的利益矛盾，找到两者的平衡点，其根本目标应该是加强企业内部经营管理，提高企业经营效率，实现企业价值最大化。企业经济效益的提高和价值最大化的实现既是所有者控制经营者的目的之一，也是经营者切实履行受托经济责任的目标。在现代公司治理结构下，按照这一根本目标构建的会计内部控制才能真正发挥作用。

二、会计内部控制的原则、内容和方法

（一）会计内部控制的原则

会计内部控制的原则是指企业建立和设计会计控制系统并且实施时，应当遵循的客观规律和基本法则。会计内部控制原则的制定必须以会计控制的目标为依据，并且要有助于目标的实现；同时，原则的制定要有助于切实指导会计控制的方法，成为会计控制系统顺利运行、控制工作顺利开展的保障。从会计控制在现代公司治理结构和企业内部管理中的地位来分析，会计控制应当遵循以下几条原则：

1. 合法性原则

会计内部控制的设计和实施应当符合国家有关法律、法规的规定和单位内部实际情况。

2. 广泛性约束原则

广泛性约束是指会计内部控制制度原则对单位内部每一位成员都有效，每位成员都必须无条件地遵守，任何人都无权游离于它之外、凌驾于它之上。单位会计内部控制制度作为单位内部的规章制度，一旦制定并实施，上至单位负责人，下至普通职工，都必须人人遵守。单位管理层尤其是单位负责人必须带好头，以身作则，大力宣传，形成一个良好的氛围，以实际行动充分调动各个部门和每位员工的主动性和积极性，真正做到人人、事事、时时都能遵守会计内部控制制度。否则，会计内部控制制度即使制定得再合法、再完美，也只是一纸空文，发挥不了会计内部控制的作用。

3. 全面性原则

会计控制是对企业内部一切与会计相关活动的全面考核控制，并非对会计工作质量的局部性控制，因此不能"就会计论会计"，否则就会影响会计管理

作用的发挥。因此，在设计会计控制系统时应以会计为中心，覆盖生产经营、管理等各环节，实施全面控制。

4. 重要性原则

作为企业的高层管理人员，应当将注意力集中于那些在业务处理过程中发挥作用较大、影响范围较广、对整个业务活动的控制目标至关重要的关键控制点上，抓住了关键点，就等于掌控了全局，因此，重要性原则就是要选择关键控制点，实施重点控制。

5. 内部牵制原则

内部牵制是指在部门与部门、员工与员工及各岗位间所建立的互相验证、互相制约的关系，属于企业内部控制制度的一个重要组成部分。其主要特征是将有关责任进行分配，使单独的一个人或一个部门，对任何一项或多项经济业务活动无完全的处理权，必须经过其他部门或人员的查证核对。从纵向来说，至少要经过上下两级，使上级受下级的监督，下级受上级的牵制，各有顾忌，不敢随意妄为；从横向来说，至少要经过两个互不相隶属的部门或岗位，使一个部门的工作或记录受另一部门工作或记录的牵制，借以相互制约。

会计控制体系的设计应当保证凡涉及企业内部会计机构、岗位设置及职权划分事项，坚持不相容职务相分离的原则，确保不同机构和岗位之间权责分明、相互制约、相互监督。

6. 成本效益原则

成本效益原则是从事任何经济活动都要遵循的一项基本原则。单位建立和实施会计控制所付出的代价不应超过因此而获得的收益，即力争以最小的控制成本获得最大的经济效益。且企业管理层在设计会计控制时，要有选择地控制，并要努力降低因控制所引起的各种耗费。

7. 动态的信息反馈原则

任何企业的会计控制都是针对企业所处的特定的内、外部环境和正常的经营活动所设计的，其作用很可能因环境的变化和业务性质的改变而削弱或失效。因此，必须对现行会计控制中的薄弱环节或存在的缺陷及不再适用的规章制度、措施、方法等进行修正、完善，以确保其有效性。

（二）会计内部控制的内容

按照《内部会计控制规范—基本规范（试行）》的规定，会计内部控制的内容主要包括货币资金、采购与付款、销售与收款、工程项目、对外投资、成本费用、担保等经济业务的会计控制。

1. 货币资金控制

货币资金是单位资产的重要组成部分，是流动性最强的一种资产。因此，货币资金的管理自然是内部控制的重点内容之一。对货币资金的控制，最主要的目标是保证货币资金的安全、完整。企业应建立良好的货币资金内部控制制度，以保证因销售等应收入的货币资金及时足额回收，并正确地记录和反映；所有货币资金的支出均能按照批准的用途进行，并及时正确地记录；库存现金和银行存款等记录报告准确，并得以恰当的保管；正确预测单位正常经营所需的现金收支额，确保有充足又不过剩的现金余额。

2. 采购与付款控制

单位应当合理设置采购与付款业务的机构和岗位，建立和完善采购与付款的会计控制程序，加强请购、审批、合同订立、采购、验收、付款等环节的会计控制，补全采购环节的漏洞，减少采购风险。

3. 销售与收款控制

单位应当在制定商品或劳务等的定价原则、信用标准和条件、收款方式等销售政策时，充分发挥会计机构和人员的作用，加强合同订立、商品发出和账款回收的会计控制，避免或减少坏账损失。

4. 工程项目控制

单位应当建立规范的工程项目决策程序，明确相关机构和人员的职责权限，建立工程项目投资决策的责任制度，加强工程项目的预算、招投标、质量管理等环节的会计控制，避免决策失误及工程发包、承包、施工、验收等过程中的舞弊行为。

5. 对外投资控制

单位应当建立规范的对外投资决策机制和程序，通过实行重大投资决策集体审议联签等责任制度，加强投资项目立项、评估、决策、实施、投资处置等环节的会计控制，严格控制投资风险。

6. 成本费用控制

单位应当建立成本费用控制系统，做好成本费用管理的各项基础工作，规定成本费用标准，分解成本费用指标，控制成本费用差异，考核成本费用指标的完成情况，落实奖罚措施，降低成本费用，提高经济效益。

7. 担保控制

单位应当加强对担保业务的会计控制，严格控制担保行为，建立担保决策程序和制定责任制度，明确担保原则、担保标准和条件、担保责任等相关内容，加强对担保合同订立的管理，及时了解和掌握被担保人的经济和财务状况，防范潜在风险，避免或减少可能发生的损失。

（三）会计内部控制的方法

内部控制的方法是指实施内部控制所采取的手段、措施及程序等。内部控制的方法多种多样，针对不同的经济业务和不同的控制内容可以采取不同的内部控制方法，即使同样的经济业务，不同的单位、不同的时期，所采用的控制方法也不完全相同。此外，对同一经济业务或控制内容，也可同时采用几种不同的控制方法。

《内部会计控制规范—基本规范（试行）》中提到会计内部控制的方法主要包括：不相容职务相互分离控制、授权批准控制、会计系统控制、预算控制、财产保全控制、风险控制、内部报告控制、电子信息技术控制等。

1. 不相容职务相互分离控制

这种控制方法要求单位按照不相容职务相互分离的原则，合理设计会计及相关工作岗位，明确职责权限，形成相互制衡机制。

所谓"不相容职务"是指那些如果由一个人担任，既可能出现错误或舞弊行为，又可能掩盖其错误或舞弊行为的职务。换言之，对不相容的职务，如果不实行相互分离的措施，就容易出现舞弊行为。如物资采购业务，批准进行采购与直接办理采购即属于不相容的职务，如果这两个职务由一个人担当，就会出现该员工既有权决定采购什么，采购多少，又可以决定采购价格、采购时间等情况，没有其他岗位或人员的监督、制约，就容易出现舞弊行为。不相容职务分离的核心是"内部牵制"假设。因此，单位在设计、建立内部控制制度时，首先应确定哪些岗位和职务是不相容的，其次要明确规定各个机构和岗位的职责权限，不相容职务主要包括授权批准、业务经办、会计记录、财产保管、稽核检查等职务，要求公司、单位按照不相容职务分离的原则，合理设置会计及相关工作岗位，明确职责权限，形成相互制衡机制。

2. 授权批准控制

授权批准是指单位在办理各项经济业务时，必须经过规定程序的授权批准。

这种控制方法要求单位明确规定涉及会计及相关工作的授权批准的范围、权限、程序、责任等内容，单位内部的各级管理层必须在授权范围内行使职权和承担责任，经办人员也必须在授权范围内办理业务。

授权批准形式通常有一般授权和特别授权之分。一般授权是指授权批准处理常规性的经济业务，这些规定在管理部门中采用文件形式或在经济业务中规定一般性交易办理的条件、范围和对该项交易的责任关系；特别授权指授权处理非常规性交易事件，比如重大的筹资行为、投资决策、资本支出和股票发行等，如审批权限、同时特别授权也可以用于超过一般授权限制的常规交易。

3. 会计系统控制

会计系统控制要求公司单位依据《会计法》和国家统一的会计制度，制定适合本单位的会计制度，明确会计凭证、会计账簿和财务会计报告的处理程序，建立和完善会计档案保管和会计工作交接制度，实行会计人员岗位责任制，充分发挥会计的监督作用。

会计系统控制主要是通过对会计主体所发生的各项能用货币计量的经济业务进行记录、归集、分类、编报等。其内容主要包括：（1）建立会计工作的岗位责任制，对会计人员进行科学合理的分工，使之相互监督和制约；（2）会计业务处理流程；（3）设计良好的凭证格式，规定合理的传递流程；（4）账簿格式、登记规则和程序，账簿体系和钩稽关系；（5）报表格式、体系、钩稽关系，编报要求和方法、结账规则和程序；（6）会计科目体系及核算内容的说明；（7）成本计算方法及核算程序。

4. 预算控制

预算控制又称之为全面预算控制，是内部控制的一种重要方法，它要求公司单位加强预算编制、执行、分析、考核等环节的管理，明确预算项目，建立预算标准，规范预算的编制、审定、下达和执行程序，及时分析和控制预算差异，采取改进措施，确保预算的执行。预算内资金实行责任人限额审批，限额以上资金实行集体审判，严格控制无预算的资金支出。

5. 财产保全控制

这种方法要求单位限制未经授权的人员对财产的直接接触，采取定期盘点、财产记录、账实核对、财产保险等措施，确保各种财产的安全、完整。

财产保全控制主要包括接近控制、定期盘点控制、妥善保管会计记录和保险。

接近控制主要是指严格限制无关人员对资产的接触，只有经过授权批准的人员才能接触资产。接近控制包括限制对资产本身的接触和通过文件批准方式对资产使用或分配的间接接触。一般情况下，对货币资金、有价证券、存货等变现能力强的资产必须限制无关人员的直接接触。

定期盘点是指定期对实物资产进行盘点，并将盘点结果与会计记录进行比较，如果盘点结果与会计记录不一致，则说明资产管理上可能出现错误、浪费、损失或其他不正常现象，应当及时采取相应的措施加强管理。

妥善保管会计记录首先要限制接近会计记录的人员，其次应妥善保存，减少被盗、被毁的风险，再次对重要记录要备份。

保险指通过财产保险减少损失。

6. 风险控制

要求公司单位加强风险意识，针对各个风险控制点，建立有效的风险管理系统，采取风险预警、风险识别、风险评估、风险分析、风险报告等措施，对财务风险和经营风险进行全面防范和控制。

7. 内部报告控制

要求公司单位建立和完善内部报告制度，全面反映经济活动情况，及时提供业务活动中的重要信息，增强内部管理的时效性和针对性。

8. 电子信息技术制度

要求运用电子信息技术手段建立会计内部控制系统，减少和消除人为操纵因素，确保会计内部控制的有效实施；同时要加强对财务会计电子信息系统开发与维护、数据输入与输出、文件储存与保管、网络安全等方面的控制。

电子信息控制的内容包括两个方面：一是实现内部控制手段的电子信息化，尽可能地减少和消除人为操纵的因素，变人工管理、人工控制为计算机、网络管理和控制；二是对电子信息系统的控制，具体讲既要加强对系统开发、维护人员的控制，还要加强对数据、文字输入、输出、保存等有关人员的控制，保障电子信息系统及网络的安全。

三、会计内部控制的设计

（一）企业会计内部控制制度有效性的特征

通常一套有效的会计内部控制制度至少应具备以下几个特征：

1. 具有标准性

会计内部控制制度应该有一个考核评价的标准，它既能作为衡量各岗位及人员工作业绩的主要依据，也适用于会计内部控制制度有效性的考核和评价。

会计内部控制制度的标准可以分为定量标准和定性标准两大类：

（1）定量标准

主要有实物标准、价值标准、时间标准、实物标准，如产量、销售量等；价值标准如成本费用、销售收入、利润等；时间标准如工时定额、工期等。

（2）定性标准

定性标准一般都难以量化，如组织机构设置是否合理就很难量化。尽管如此，为了使定性标准便于掌握，有时也应尽可能采用一些可度量的方法，建立有效的控制标准。管理者在设计会计内部控制制度时，首先必须建立和确定会计内部控制制度的目标和标准，每一项具体的工作都应有明确的时间、内容、要求等方面的规定，包括综合性的目标、概括性的目标和具体的分类目标，如利润计划、时间定额、标准成本等，以确保会计内部控制制度整体效用的发挥。为此，一是要尽量建立客观的衡量方法，对绩效应用定量的方法记录并加以评价，将定性的内容也应尽可能具体化；二是管理人员要从企业整体的角度来观察和分析问题，避免个人的偏见和成见，特别是在绩效的衡量阶段。

2. 具有适用性

由于各个单位的管理目标、性质、特点及具体任务不同，单位的规模、组织结构、人员构成与素质也各不相同，所以会计内部控制制度就有很大区别。对于大中型企业与小型企业组织结构、经营业务内容存在较大的差别，这就决定了其会计内部控制制度的繁简程度也不一样。

因此，管理当局在建立会计内部控制制度时，既要考虑到国家在一定时期的经济发展水平和宏观调控政策，更要根据本单位的经营业务特点与内外环境的实际情况，绝不能生搬硬套、盲目采用，否则，必将影响会计内部控制的有效性。

3. 具有全局性

企业作为一个有机整体，会计内部控制作为管理过程的一部分，应该与整个管理过程相结合，并对企业的整个管理活动进行监督和控制。因此，管理当局在设计和实施会计内部控制制度时，要从企业的整体利益出发，着眼于全局，注意会计内部控制制度的严密性与协调性，以有效组织、协调各业务活动及有关各方为单位整体目标的实现而努力，保证各责任中心的目标同单位总目标一致，各责任者的利益与单位的整体利益相一致。

4. 具有及时性

会计内部控制制度的目标之一就是保证相关信息的准确性与可靠性。现实情况复杂多变，单位的计划执行中有时会出现失常或发生未预料事件等特殊情况，因此，控制信息不仅要准确，还要及时，否则会计内部控制系统可能会失效。一个真正有效的会计内部控制的整体框架不仅应能反映实施中的失常情况，而且还应该能够预测或估计未来可能发生的变化，及时发现可能出现的偏差，这一方面要求会计内部控制系统能及时准确地提供控制所需的信息，另一方面要尽可能采用前馈控制方式或预防性控制措施，一旦发生偏差就对以后的情况进行预测，使控制措施针对未来，更好地避免时滞问题，使纠偏措施的安排具有一定的预见性。

5. 具有灵活性

所谓灵活性即会计内部控制的基本结构要在相对稳定的同时保留一定的弹性，以便适应未来的修订和补充。这就要求管理当局在制定会计内部控制制度时，一要考虑到各种可能发生的情况而拟定各种应付变化的选择方案和留有一定的后备力量，并采用多种灵活的控制方式和方法，来使会计内部控制能保证在发生某些未能预测到的事件发生的情况下，如环境突变、计划失败、计划疏忽等，控制仍然有效；二是要充分发挥各职能部门的积极性和能动性。会计内部控制制度过松会给不法分子可乘之机，导致会计内部控制制度失效，但控制制度过严又会使经营管理活动失去生机与活力，影响员工积极性和主动性。有效的会计内部控制框架应允许各级管理人员针对其管辖的业务领域，制定具体的执行措施或实施办法，并可根据变化的情况，自行修订已不适应的规章制度和控制措施，而后上报备案，来保证会计内部控制制度有效地发挥其应有的功能。

（二）企业会计内部控制制度的设计重点

1. 以防为主，查处为辅

各企业建立内部控制制度主要是为了防止单位的经营管理发生无效率和不法行为。因此，判断一项内部控制制度设计的好坏，首先应根据其防止错弊发生的效果来衡量，其次再考虑其对已发生的不法事件的揭露和处理情况。预防控制是一种事前和事中控制，例如企业在组织控制、人事控制、程序控制、纪律控制中所制定和实施的各种政策、规定、预算、程序、手续等都属于预防性控制。进行预防控制首先应规定业务活动的规则和程序，并在企业内部设置有关的规章制度，保证业务活动能够有条不紊地进行，同时尽量避免经济运行中出现错误、舞弊或浪费现象，例如任用值得信任和有能力的人员，防止发生故意越轨行为而履行的职责分工；为防止资源不恰当使用而进行的明确授权；为防止发生不正当业务而建立的文件、记录以及恰当的记账程序；为防止将资产不恰当转换或占为己有而实施的资产实物控制等。在实行预防控制时还要注意，一定要预测差错发生概率的高低及其可能造成的影响，并根据具体差错的特性采取有效措施，特别要注意多重措施和综合措施的采用。

当然，任何企业的管理者并不能完全保证事先制定的规则、程序、制度等能够得到有效的执行。为此，在坚持预防为主的前提下，还必须采取内部稽核、内部审计等方式，加大对事后不法或无效率行为的查处力度，多方面、多渠道堵塞漏洞，充分发挥制度的控制效能。例如，在企业成本控制中，根据事先制定的成本目标或既定的标准和预算，对企业各责任中心日常的生产经营活动，采用专门的方法进行严格的计量、监督、指导和调节，并根据发生的偏差，及时采取有效措施来指导和调节其行为。事后查处一般多是在错误或问题发生以后再进行检查或采取行动，其所造成的损失往往无法弥补，只是对以后的业务有所裨益。管理者在设计内部控制制度时，应注重预防性控制事前和事中的引导匡正作用，尽量降低错弊发生的可能性及其所造成的损失。

2.注重选择关键控制点

内部控制的全局性要求企业必须建立一个能涵盖其经营管理活动全过程的内部控制整体框架。但对主管人员来说，随时注意内部业务活动的每一个环节，通常是浪费时间精力且没有必要的。内部控制工作的效率性也决定了管理者应当也只能将注意力集中于业务处理过程中发挥作用较大、影响范围较广、对保证整个业务活动的控制目标至关重要的关键控制点上，这同样适用于会计内部控制。

选择关键控制点的能力是管理工作的一种艺术，有效的控制在很大程度上取决于这种能力。目前在内部控制设计中运用比较广泛且比较有成效、能够帮助主管人员选择关键控制点的方法很多，例如计划评审技术（又叫网络计划技术）、价值工程（VE）等，各企业管理者可结合自身实际情况酌情选用。在具体选择关键控制点时，还应考虑以下几个环节：

（1）选择关键的成本费用项目

成本控制制度是企业会计内部控制制度的一个重要组成部分，其合理性与有效性直接关系到企业的经济效益。传统的成本控制只是强调事后的分析和检查，主要侧重于严格执行成本开支范围和各项规章制度。随着市场竞争的加剧和产品寿命周期的缩短，现代企业尤其是加工制造业，其内部成本控制的重点应逐渐转移到产品投产前的事前控制中，做好经营预测，通过开展价值工程活动，对产品的成本与功能关系进行分析研究，找出支出最大或节约潜力最大的产品或项目，然后利用因素分析法，找出主次因素，将影响成本费用项目的主要因素作为关键控制点，并采取适当的控制措施，从而达到既能保证产品的必要功能，降低产品的寿命周期成本，又能满足消费者的需求，提高企业产品的经营管理水平和市场竞争力的目的。

（2）选择关键的业务活动或关键的业务环节

应着重选择那些对企业竞争力、盈利能力有重大影响的活动或最易发生错误与舞弊且可能造成重大损失的环节进行监督和控制。一般情况下可将单位的主要业务分解为以下几个循环：销售与收款循环，采购与付款循环；生产循环；工薪循环；筹资与投资循环；其他重要业务，如货币资金等。

（3）选择主要的要素或资源

人、财、物、时间、信息技术等是企业赖以生存和发展的重要资源或要素，尤其是随着知识经济时代的来临人力资源及信息对企业发展的重要性更为突出。市场竞争归根结底是人才的竞争，企业经营战略发展的各个阶段必须要有合格的人才作为支撑点，物流是构成企业最基本的业务活动，信息是企业各项经营决策的重要依据，技术则是企业生产经营的重要保障。各项要素共同构成一个有机的系统。选择重要的要素或资源必须确保能抓住问题的关键，选择的依据就是对企业的竞争力、盈利能力影响重大或具有较大的节约潜力。

需要加以说明的是，不同的经济业务活动有着不同的关键控制点。在某项经济业务活动中属于关键控制点，而在其他业务活动中则有可能属于一般控制点，反之亦然。管理者应当根据管理或内部控制目标的具体要求、业务活动的类型、特点等来选择和确定其会计内部控制的关键控制点。

3.注重相互牵制

相互牵制是以事务分开管理为核心的自检系统，通过职责分工和作业程序的适当安排，使各项业务活动能自动地被其他作业人员查证核对。内部牵制主要包括：

（1）体制牵制

体制牵制是指通过组织规划与结构设计，把各项业务活动按其作业环节划分后交由不同的部门或人员，实行分工负责，即实现不相容职务的适当分离，来防止错误和舞弊的发生，例如在企业内部分别设置会计、出纳、验收、仓库保管等岗位，明确其各自的职责与权限。体制牵制主要采取程序制约，例如，规定会计凭证的处理程序和传递路线，一方面把单、证、账、表整个记录系统连接起来，使其能够及时、完整、准确地反映单位各项经济业务活动的全过程；另一方面则把各职能部门形成一个相互制约、相互监督的有机整体，从而也达到了相互牵制的目的。

（2）簿记牵制

簿记牵制即在账簿组织方面，利用复式记账原理和账簿之间的钩稽关系，互相制约、监督和牵制，主要是指原始凭证与记账凭证、会计凭证与账簿、账簿与财务报表之间的核对。

（3）实物牵制

实物牵制即指对某项事务须由两个或两个以上的人员共同掌管或共同操作才能完成。

（4）机械牵制

机械牵制也主要采取程序制约，即利用既定的标准或业务处理程序来控制各个部门、岗位或人员。例如：规定会计凭证的处理程序和传递路线，一方面把单、证、账表整个记录系统连接起来，使其能够及时、完整、准确地反映单位各项经济业务活动的全过程；另一方面则把各职能部门形成一个相互制约、相互监督的有机整体，从而也达到了相互牵制的目的。

（三）构建企业会计内部控制体系的思路

1.建立会计内部控制制度

企业会计内部控制制度应包括：适当的内部单据以便集中责任，按照各主管和主要职员的个别责任分类的会计科目表；会计方针和程序手册以及流程图；财务预算，包括详细的经营预算。

（1）适当的内部单据

记载所有部门的作业，必须具有设计良好的表格和单据制度。如果没有这种文件，实质上就是无从记载或控制业务部门的作业。内部所填制的单据也可以是控制资产自甲部门转往乙部门的会计责任这类文件的副本提供凭证归集，一旦资产在部门间移动而发生任何短缺时，凭证就是追究责任的焦点。

内部单据如由利益相互对立的两部门共同参与编制，可靠性就将大为提高。例如，生产部向存储部领取原料，生产通知单上经两部门的职员分别签字、盖章。后者具有"查明通知单上数量并未少列"的动机，否则就须负担货品短缺的责任。同时，生产部也具有查明"计入制造成本的原料并未多列"的意愿。

（2）文件的顺序编号

将文件加以顺序编号是普遍适用的内部控制方法。连续数字控制了所发文件的号码，支票、销货发票、订货单、股票和许多其他商业文件都应按照这种方式加以控制。某些文件（例如支票）需按月或按周检查所发文件的编号中每一个号码，其他像顺序编号的单据，只要注意每天所发的最后一个编号，就可以凭计算当天发行单据的总面值达到控制的目的。未曾发出但已预先编号的单据，应该随时加以适当的保管和运用数码控制。

（3）会计科目表

会计科目表就是将所使用的账户（会计科目）加以分类后编列成表，并附有每一账户内容、目的的详细说明。在许多情况下账户分类不过是一份清单，分别列举即将在财务报表中出现的项目。比较好的方法是将会计科目表当作内部控制的工具，其中分设各类账户以记载职员、主管的个别责任。例如，零用金应单独由一位职员保管；如果利用帐户以衡量个别责任，则应该就零用金部分单独设立账户。

（4）会计方针和程序手册

任何企业组织不论规模大小，都有一套如何办理、记载和汇集交易事项的规定方法。这种程序应用书面说明，以活页流程图的方式印制，并应随手续的变动而修改。会计程序以书面载明，管理当局的决策才能一贯有效的实施。同类交易事项的统一处理为产生可靠的会计记录、报表所需要，而交易的统一处理，也只有在全体职员完全熟悉日常交易事项的标准处理程序后才有可能。

（5）财务预算

美国会计师协会在系统编制预算指导中表示，企业的财务预算就是对未来一期（或多期）最可能出现的财务状况、经营成果和财务状况变动的估计，因而可成为管理当局评估实际绩效的标准。

最简单、最普通的预算形式就是现金预算，即财务主管按照收入来源与支出目的，预算大约在一年内现金收付的流动情形。现金预算的主要目的，在于确保随时备有足够的资金可供偿还到期的债务。此外，明确预期收入的来源和去向，可以使截留收入的欺诈舞弊现象易于揭发。同样地，详细计划现金支出，也可威慑任何尝试篡改现金支付记录和可能盗用公款的人员。

较为广泛的预算包括：

①销售预算。包括按产品类别、地域类别的销货估计—根据以往销售业绩的分析、价格和营业量的趋势，以及对于新产品、销售区和推销术的评价而拟编。

②生产预算。按照销售预算中所需要的数量，详细列举各项产品所需原料的数量和成本、人工以及在某种产量下的间接费用。

③销售成本预算。配合预定销售量并按产品、区域，估计销售成本、广告、运输、赊销、收账和其他费用，分别列作变动、半变动、固定等成本。

④厂房设备预算。包括取得新设备、保养现有设备的估计所需金额。

⑤现金预算。包括现金收入、付出、短期投资、借款、偿债的估计。

⑥财务预算。所包括的期间内的估计损益表、资产负债表和财务状况变动表。

整套预算是由编制下年度估计财务报表的汇总而成，并附有企业中各单元（诸如各区域、各部门，或分支机构）的详细分析。在下年度中，应按月编制损益表，以比较预算数字和实际经营的结果。两者间的重大差异，应附详细的解释并将差异的责任予以认真的确认。

总而言之，预算是一种控制工具，借此可以建立整个企业明确的绩效标准。未能达到标准，即应通过差异报告提醒各相关阶层的经理人员注意。

2. 财务风险的控制

企业的风险来自两个方面：经营风险和财务风险。其中，经营风险是指企业在不使用债务或不考虑投资来源中是否有负债的前提下，企业未来收益的不确定性，它与资产的经营效率直接相关；财务风险是指由于负债筹资而引起的到期不能偿债的可能性。由于不同的筹资方式，表现出偿债压力的大小并不相同。主权资本属于企业长期占用的资金，不存在还本付息的压力，从而其偿债风险也不存在；而债务资金则需要还本付息，而且不同期限、不同金额、不同资金使用效益的资金，其偿债压力并不相同。因此，风险控制的一项重要内容是如何确定不同债务筹资方式下的风险，并据此进行风险的回避与管理。

由于财务风险是针对债务资金偿付而言的，因此，从风险产生的原因上可将其分为两大类：一是现金性财务风险，它是指企业在特定时点上，现金流出量超出现金流入量，而产生的到期不能偿还债务本息的风险；二是收支性财务风险，它是指企业在收不抵支的情况下出现的不能偿还到期债务本息的风险。

针对不同的风险类型，规避财务风险主要从两方面着手：

（1）对于现金性财务风险，应注重资产占用与资金来源间的合理期限搭配，搞好现金流量安排。

为避免企业因负债筹资而产生的到期不能支付的偿债风险并提高资本利润率。理论上认为，如果借款期限与借款周期能与生产经营周期相匹配，则企业总能利用借款来满足其资金需要。因此，按资产运用期限的长短来安排和筹集相应期限的债务资金，是回避风险的较好方法之一。

（2）对于收支性财务风险，应做好以下三方面的工作。

①优化资本结构，从总体上减少收支风险。收支风险大，在很大意义上是由于资本结构安排不当形成的，如在资产利润率较低时安排较高的负债结构等。在资本结构不当的情况下，很可能由于出现暂时性的收不抵支，使企业不能支付正常的债务利息，从而到期不能还本。因此，优化资本结构，可从两方面着手：一是从静态上优化资本结构，增加企业主权资本的比重，总体上降低债务风险；二是从动态上，从资产利润率与负债率的比较入手，根据企业的需要与负债的可能，自动调节其债务结构，加强财务杠杆对企业筹资的自我约束。

②加强企业经营管理、扭亏增盈、提高效益，以降低收支风险。无论是企业债务的总量或是期限上，只要企业有足够的盈利能力，加强经营、提高效益，企业的收支性财务风险就能降低。

③实施债务重整，降低收支性财务风险。当出现严重的经营亏损，收不抵支并处于破产清算边界时，可以通过与债权人协商的方式，实施必要的债务重整计划，包括将部分债务转化为普通股票，豁免部分债务，降低债息率等方式，以使企业在新资本结构基础上，起死回生。

3. 优化会计内部控制的环境

（1）营造外部环境

会计内部控制制度建设，企业是重点，国有企业是重中之重。因此，营造外部环境，首先，从政府角度，对会计内部控制制度的制定、指导、督查和处罚等只能归口财政。审计、税务、工商行政管理、银行及主管部门等无需介入，以免形成多头管理、重复检查等现象。其次，社会中介机构要把对单位会计内部控制制度的检查作为查账的重点，并做出客观公正的评价，但没有处罚权。反过来说，如果所做的评价不够客观公正，应给予适当的处罚。另外，为了充分发挥会计控制的作用，应改变现行会计管理体制，由所有者委派财务总监，领导会计机构及会计工作，财务总监对所有者负责，会计人员对财务总监负责。公司业务运行则由经营者全权负责，财务总监与经营者相互配合相互监督，通过财务总监使所有者与经营者达到激励相容。财务总监制的会计管理体制下，会计控制的范围不仅仅是账、证、表之间的相互核对与审阅，还应该包括业务流程的标准化设计与控制；业务处理过程职务不相容的控制；事后的复核与分析控制；财产清查核对控制。除此之外，各公司可根据自己的业务特点结合经营战略、管理方法设置其他必要的控制点。通过关键控制点的有效运行实现会计控制的目标—维护所有者权益，使会计提供的信息具有衔接性与可靠性。

（2）营造内部环境

完善法人治理结构，是指设计出一套使经营者在获得激励的同时又受到相应的约束，以保障所有者权益的机制。激励与约束的有效结合，才能使经营者行为与所有者目标实现最大限度的一致。对经营者的约束，所有者可以利用业绩评价，或通过董事会利用公司章程规定经营者的权限范围，还可以派出监事会直接监督经营者的代理权，以维护所有者权益；对经营者的激励可以尝试推行年薪制与股票期权计划，使经营者利益与股东利益相结合。

构造一个良好的企业氛围，具体包括：

①员工诚实，有正确的道德观，企业有描述可接受的商业行为、利益冲突、道德行为标准的行为准则。

②员工具有胜任工作、适应企业管理要求的能力。

③企业设有董事会或审计委员会，且独立于管理层。

④企业有正确的管理哲学和经营方式，如管理层对人为操纵或错误的记录的态度。

⑤企业建立的组织结构，能够使信息到达合适的管理阶层。

⑥企业有明确的授予权利和责任的方式，如关键部门的经理的职责有充分的规定。

⑦设有人力资源政策，并得以贯彻实施，如有关于雇佣、培训、提升和奖励雇员的政策。

提高管理者的专业管理知识，企业会计内部控制水平的高低很大程度上取决于管理者的管理水平，管理者的管理理念与管理风格决定了企业的控制方式。要想使企业迈上专业化轨道，管理者必须用专业化、国际化的管理知识取代经验型、勇气型、家族式的管理，必须接受专门的管理培训，系统学习的管理知识。

丰富会计内部控制人员的知识结构，财务人员要真正担当起会计内部控制的重任，更新知识，提高操作能力就显得刻不容缓。没有相应的知识支持，会计内部控制不可能完全到位，同时内部控制主要是做人的工作，需要相应的知识、指挥和协调工作能力，培养这样的"全才"，应采取一定的措施，组织有关专家、学者和企业家就内部控制建设的理论和实务进行经验交流，推广先进企业的做法，并对有关人员进行培训。

4. 提高会计人员的业务素质及职业道德

（1）提高会计人员的业务素质及职业道德，是治理会计信息失真、使会计控制有效发挥作用的重要条件

所有的内部控制都是针对"人"这一特殊要素而设立和实施的，再好的制度也必须由人去执行，员工既是内部控制的主体，又是内部控制的客体，可以说，会计人员的品行与素质是会计内部控制效果的一个决定性因素。人员品行与素质包括企业对员工价值观、道德水准和业务能力（包括知识、技术与工作经验）的要求。其中管理者的素质与品行起着绝对重要的作用。制度是由人制定的，会计内部控制的有效性无法超越那些建立、管理与监督制度的人的操守及价值观。

（2）提高会计人员业务素质及职业道德的途径

会计内部控制的成效关键在于会计人员业务素质的高低程度与职业道德的好坏，为了提高职工忠诚、正直、勤勉、有效的工作能力，从而保证会计内部控制的有效实施，可以采取以下措施：

①从人事部门做起，建立一套严格的招聘程序，对所招聘人员的业务素质与职业观做一个全面的考核与评估，并酌情对以前的工作情况进行调查，以更全面地了解一个人的做事方式、道德品质等情况，保证应聘的人员符合招聘的要求。在员工未正式上班之前，就让他们去感受企业的文化；了解公司的规章制度、组织结构及相应的工作环境；了解自己的工作范围、工作职责，以便更好地适应环境、投入工作。

②规定员工工作规范：对每一个工作岗位、工作人员，都应该有详细、成文的工作岗位、工作职责描述；制订每一位员工的年度工作计划，年度评估标准，用以引导考核每一位员工的行为。

③定期对员工进行培训：会计专业知识的培训，专业技能的培训，企业文化、职业道德、社会道德的培训，创造进一步深造学习的机会。

④加强考核和奖罚力度，应定期对职工业绩进行考核，奖惩分明。

⑤工作岗位轮换，可以定期或不定期地进行工作岗位轮换，通过轮换及时发现存在的错误和舞弊情况，使会计人员对整个的会计工作有更全面、更深入的了解，可以促进会计人员本身的发展，也有助于会计工作的提高和改善。

会计职业道德完善升华是指在实施企业会计内部控制的过程中，通过"它控"和"自控"，促使职业会计人员进一步树立并增强正确的会计职业良心和职业责任感，进而达到会计职业道德不断完善与升华的一种状态。从某种意义上而言，会计内部控制的过程，也是会计职业道德的自律过程。

因此，就职业会计人员而言，能够促使其会计职业道德的不断完善与提升，是实施企业会计内部控制的最高尚的目标和精神境界。

（四）设计会计内部控制制度的方法

单位会计内部控制制度设计方法主要有文字说明方式和流程图方式两种：

1. 文字说明方式

文字说明方式就是用文字说明会计控制设计的有关内容，这种方法是会计内部控制设计中使用最多的方法。

2. 流程图方式

流程图方式是指用一定的图形反映各项业务的处理程序，这种方法一目了然，更容易被人们理解和掌握，大大提高了工作效率。

第五章　货币资金的会计内部控制

第一节　货币资金控制程序

一、现金收支业务流程控制

货币资金中库存现金和银行存款所占比重较大，因此货币资金内部控制，重点就是对现金和银行存款实施内部控制。

（一）现金收支业务基本流程

按照我国财政部发布的《现金管理暂行条例》及现金核算办法等规定，办理现金收支业务，通常需要按照下述业务处理程序进行：

（1）授予权限

单位决策层或者部门负责人需按照组织机构的设置情况对相关人员授予办理有关现金结算的权限。其中主要是对现金支付业务进行审批的授权，因为只有经过授权审批人批准的款项才能由出纳人员办理支付。

（2）制取原始凭证

单位如果发生有关现金收支业务必须填制或者取得原始凭证，作为自制原始凭证，经办人员必须在上面盖章，作为收付现金的书面证明。例如，支出采购货款，要取得对方的销货发票和本单位的验货入库单作为付款的证明；企业向银行提取现金，要签发现金支票，以支票存根作为提取现金的证明；收到职工的交款，应该以开出的收款收据作为收款的证明。

（3）审签原始凭证

业务部门负责人对原始凭证审核签章，来证明经济业务的真实性。只有经过部门审核的原始凭证才能传递给会计部门。例如，企业向银行提取现金，要由出纳员在现金支票上注明款项的用途并签章，财务部门负责人审核后加盖财务专用章；支付采购货款，要由采购员在相关凭证上签字，采购部门负责人审签。

（4）审核原始凭证

会计部门收到有关现金收支业务的原始凭证后，由会计主管或者授权的主办会计负责对其进行审核，如现金支付项目超过授权审批的范围，应上报领导审核签字，不能进行越权审批。对于不符合规定的凭证，可拒不受理或者责成经办人员补办手续。

（5）编制记账凭证

主办会计根据审核后的原始凭证，填制收款凭证或者付款凭证。会计审核原始凭证并填制报销凭单，相关各领导签字后，出纳再次审核原始凭证和填写金额并报销现金或开具支票。出纳不定期地按照提取的现金支票存根和相应金额的报销凭单加盖收、付讫章后交会计记账。会计记账后将原始凭证会同记账凭证一同交与出纳，出纳登记日期并记账。

（6）复核凭证

稽核人员或者指定人员对收、付款凭证进行复核，应特别注意复核是否存在越权审批，复核合格后签章，通知出纳办理现金的收付。具体地讲，包括查看发票的真假，核对票面金额与合同单价和金额是否相符，核对发票数量与入库单数量是否一致，审核有关人员是否签名，如果是增值税专用发票要核对是否超过抵扣期限等。

（7）收付现金

出纳人员按凭证所开列金额收付现金，并在凭证上加盖"收讫""付讫"戳记。一般来说，必须遵循下列原则：

①营业前，经办现金收付的出纳人员按照工作需要和便于操作的要求，将出纳机具、办公用品合理、科学地摆放在适当的位置。

②办理现金收付业务必须配备专职出纳员，坚持"钱账分管、双人临柜"的原则，必须做到换人复核、手续清楚、责任分明的准则。

③收入款项和付出款项应分别放置、保管，不得混放在一起或收付抵用。当日收入的现金作当日付出使用时，必须经过整点复核，并应该轧平现金账，

核对收入无误后，按规定办理款项交接手续，方可对外支付。

④办理现金收付，必须坚持"收入现金先收款后记账，付出现金先记账后付款"的原则。做到当面点准，一笔一清，不得混淆，日清日结。

⑤收付大宗现金，必须做到先点捆、卡大把，核对封签，散把点数。拆捆时，确认每捆 10 把后，再拆捆。

（8）登记日记账

出纳人员根据复核后的收、付款凭证，登记现金日记账。现金日记账通常由出纳人员根据审核后的现金收、付款凭证，逐日逐笔的顺序登记。同时，由其他会计人员根据收、付款凭证，汇总登记总分类账。对于从银行提取现金的业务，由于只填制银行存款付款凭证，不填制现金收款凭证，因而现金的收入数，应根据银行存款付款凭证登记。每日收付款项逐笔登记完毕后，应分别计算现金收入和支出的合计数及账面的结余额，并将现金日记账的账面余额与库存现金实存数相核对，以检查每日现金收、支和结存情况。

（9）登记明细账

主办会计根据复核后的收、付款凭证，登记相关明细账。明细分类账簿亦称明细账，是根据各单位的实际需要，按照总分类科目的二级科目或三级科目分类设置并登记全部经济业务的会计账簿。根据经济管理的需要和各明细分类账记录内容的不同，明细账可以采用三栏式、多栏式和数量金额式三种格式。

（10）登记总账

总账会计定期编制汇总记账凭证，经过复核后登记现金总分类账。总分类账账页中各栏目都必须填写清楚，这些栏目包括日期栏、凭证字号栏、摘要栏、对方科目栏、借贷方金额栏、借或贷栏等。

（11）清点现金

出纳人员每日营业结束后，总结出现金日记账的收入、支出、余额，同时清点库存现金，进行账目核对。出纳员的现金日记账余额必须与库存现金的实有金额一致，如果不一致则必须查找原因，实在查找不出不一致原因的，出纳员必须及时向负责人报告。

（12）送存银行

对于超过库存限额的现金，由出纳员及时送存银行，并收取现金进账回单。

（13）核对账簿

月末由稽核员或者其他非记账人员对现金日记账、有关明细账及总账进行核对，如果发生差异，应当及时查明原因上报后予以处理。

（14）盘点库存

除了出纳员在每日营业结束时必须盘点库存现金以外，单位还必须定期或者不定期由内部审计人员、会计主管和相关人员组成清查小组对库存现金进行盘点，并与现金日记账余额进行核对，根据清点结果编制现金盘点报告。

（二）现金收支业务流程控制要点

企业根据规模的不同，其现金收支业务流程的复杂程度也可能存在差异，但是对于上述基本业务流程，应把握其中的关键环节，抓住重点才能有效地对内部会计进行控制。现金收支业务流程的控制大致由以下内容组成：

（1）以实际发生的经济业务为基础

现金的收支必须以真实发生的经济业务事项为基础，也就是必须取得真实合法的原始凭证，没有真实合法的原始凭证不得进行现金的收支活动。因此，对原始凭证的审核成为了现金收支业务控制的重点之一。

（2）原始凭证的审核

原始凭证的审核可以分为以下层次：

①初级审核由业务部门的负责人完成，主要证明经济业务的真实性。

②第二层次的审核由会计或财务部门的负责人完成，主要负责审核报销的原始凭证是否符合财经规定和企业内部管理的要求。

③第三层次的审核由出纳员完成，主要审核是否有假发票等虚假单据。

④最高层次的审核由单位负责人完成，主要是对重大的现金收支项目进行最终审核，保证现金收支的安全性。

（3）账账核对、账实核对

进行账账核对和账实核对也是发现现金收支业务中舞弊行为的有效措施，是现金收支业务控制的另一个重点。企业会计或者财务部门应组织专门的人员对涉及现金收支的相关账簿进行定期核对，对库存现金进行定期或者不定期的盘点，发现差异，应立即查找原因，追究相关人员的责任。

二、银行结算业务流程控制

(一) 银行结算业务的基本流程

银行存款业务流程包括银行存款收入和支出结算程序。银行结算的方式主要包括支票、银行本票、银行汇票、商业汇票、托收承付、委托收款、汇兑和信用证等,企业可以根据需要哪种方式进行选择。选择不同的结算方式,其业务流程和结算手续也存在一定的差别。下面介绍的是共同业务的一般程序:

(1) 授予权限

同现金授权相似,单位决策层或部门负责人根据单位规定和业务需要,授予相关人员办理涉及银行存款收支的权限。

(2) 签订结算契约

经办人员办理经济业务,应该同对方商定收付的结算方式和结算时间,并以合同或其他契约方式加以明确。

(3) 制取原始凭证

业务经办人员按照财务会计制度规定,填制或者取得原始凭证,如为自制原始凭证,经办人员必须在上面签章,作为办理银行存款收、付业务的书面凭证,例如取得购货发票、开具销货发票等。

(4) 审签原始凭证

业务部门负责人或授权人员对原始凭证审核签字,批准办理相关结算手续。

(5) 审核原始凭证

会计主管或者授权人员审核原始凭证及其反映的经济业务,批准办理银行存款收支结算,对于不合规定的凭证,应拒绝受理或责成经办人员补办手续。

(6) 制取结算凭证

出纳员根据已经审核的原始凭证,按照会计规定手续和结算方式填制或取得银行存款结算凭证。如办理货款托收需填制托收承付结算凭证,办理货款承付需取得银行承付通知单等。

(7) 办理结算业务

出纳员送交或留存结算凭证和有关记录,向银行办理存款收付业务。

(8) 审核结算凭证

会计主管或授权人员审核结算凭证回联,并与原始凭证进行核对。

（9）编制记账凭证

会计人员根据审核的结算凭证及原始凭证，编制银行存款收、付凭证。

（10）复核记账凭证

稽核人员或指定人员复核记账凭证及所附结算凭证、原始凭证。

（11）登记日记账

出纳员根据复核后的记账凭证、逐笔登记银行存款日记账。银行存款日记账的审核包括三个环节：第一，银行存款日记账与银行收付凭证相互核对，做到账实相符；第二，银行存款日记账和银行总账要互相核对，做到账账相符；第三，银行存款日记账与银行存款对账单要相互核对，以便准确掌握企业可运用的银行存款实有数。

（12）登记明细账

相关会计人员根据复核后的记账凭证，登记相对的明细、分类账。

（13）登记总账

总账会计定期编制汇总记账凭证，经复核后登记银行存款总账分类。

（14）核对账单

定期由非出纳人员逐笔核对银行存款日记账与银行对账单进行对账，清查未达账项。

（15）编制调节表

由对账人员编制银行存款余额调节表，经审核后作为调账核对的依据。编制银行存款余额调节表的一般步骤如下：

首先，检查银行寄来的对账单及附来的借方和贷方通知单，逐一核对各笔收入款与企业存入银行的款项是否相符合。凡是银行尚未入账的，需要在调节时加在银行对账单的余额上。

其次，将在本月已经兑付注销的支票，按照支票号码顺序一一排列，与现金支出日记账上的记录逐一加以比较核对。

再次，从银行记载的往来银行的存款余额上应扣除企业尚未入账的、由银行随银行对账单附送的借项通知单上的金额。

最后，从企业记载的往来银行的存款余额上应扣除企业尚未入账的、由银行随银行对账单附送的贷项通知单上的金额。

（16）核对账簿

月末由稽核人员、非记账人员对银行存款日记账、有关明细账和总分类账进行核对，如发生差异及时查明原因并上报予以处理。

（二）银行结算业务流程控制要点

由于现金结算金额的限制，企业在商品交易过程中，可能会更频繁地使用银行结算方式，因此必须把握银行结算业务控制的重点。

银行结算方式具有多样性，相关人员在进行商品交易或提供劳务等经济活动过程中必须先与对方签订合同契约，确定适当的银行结算方式。结算方式的确定应符合企业内部的规定或事前应得到相关负责人的批准，为了避免不必要的损失，经办人员不得擅自确定结算方式。

与现金收支相似，进行银行结算也必须以真实发生的经济事项为基础，必须取得正式合法的原始凭证。对原始凭证的审核是银行结算控制的重点，其审核的原则与现金收支类似，在此不再阐述。

此外，进行账账核对和账实核对对银行结算也同样重要。为确保账实相符，应定期由会计或财务部门的非出纳人员将银行对账单和银行存款日记账进行核对，编制银行存款余额调节表，确定企业账面记录是否与银行存款相一致。对账账核对和账实核对中发生的非正常差异，应该组织专人查明原因，及时处理。

三、货币资金收支业务控制程序示例

不同企业根据生产经营特点的不同，货币资金具体控制程序以及相应模型也不一定相同。下面介绍几种常见的货币资金收支业务程序控制模型：

（一）出纳部门收入现金程序的控制

1. 出纳部门收入现金的控制流程

企业的小部分零星现金收入可能会通过出纳直接进行，比如客户的小额违约金、押金等。出纳部门直接收取现金的控制流程大致由以下环节组成：

（1）由业务部门开出收款通知单，如果是商品销售，收款单应附销售商品的相关明细单据，收款通知单由业务部门的主管人员审核签字，对一些大额重要的收款除了业务部门的主管人员审核签章以外，单位负责人也要审核签章。

收款通知单一式几联（具体联数由需要确定），业务主管部门留存一联，送交财务部门一联，其余联数交给缴款人作为缴款凭据。

（2）出纳员根据收款通知单所列明的数额收取现金，同时开具一式多联的收据（或发票）。一联收据（发票）送交客户，一联收据（发票）出纳留底与业务部门签发的收款通知单一起作为登记现金日记账的依据。

（3）出纳员定期将留底的收据（发票）和收款通知书定期送交会计员，由会计员与业务部门原送交的收款通知单核对无误后，编制记账凭证登记相关明细账和总分类账。

（4）会计员现金总分类账应定期与出纳员的现金日记账核对。

2. 出纳部门收入现金的岗位分工和控制方法

出纳部门收入现金的岗位分工和控制方法如表 5-1 所示：

表 5-1　出纳部门收入现金的岗位分工和控制方法

	业务部门	出纳员	会计
职责	审核业务性质，明确收款范围及收款金额	收取保管现金、将现金送存银行，登记现金日记账和银行存款日记账	登记现金总账、银行存款总账、收入明细账
控制方法及手段	业务主管人员开具收款单，由业务部门领导审核，金额大或重要的收款业务须经单位领导审核批准	审核现金收款单，收入现金后，签字盖章予以确认	审核出纳员转开的现金收据（发票）与业务部门送来的现金收款单核对，编制记账凭证
控制工具	现金收款单、销售商品的明细表	现金收据（发票）、现金日记账、银行存款日记账	记账凭证、现金总账、银行存款总账、收入明细账
控制关系	1.会计员的现金收款单与出纳员转来的收据（发票）核对相符 2.出纳员的现金日记账、银行存款日记账与会计员的现金总账、银行存款总账核对相符		

3. 由出纳直接收款的内部控制要点

在上述内部控制图示中，其控制的关键点应从以下几方面着手：首先，收款通知单必须由业务部门开出，经审核后才能交给出纳，未经业务部门内部审核的收款单视为无效凭证；其次，出纳只能根据审核后的收款单金额收款和开票;再次,现金日记账和现金总分类账由出纳和会计人员分别登记并保管;最后,现金总账与现金日记账必须定期核对。

(二)门市部门收入现金程序的控制

1.门市部门收入现金的控制流程

对一般的企业而言,大部分货款是通过银行结算方式收取的。但是,如果企业为加强营销,也可能自己设立门市部门,面向最终客户直接进行销售。除此之外,零售商场都是直接面向客户的直接销售。在这种情况下,门市(零售商场)部门应加强对销售和收款环节的控制。控制环节由以下内容组成:

(1)由销售人员按照实际销售金额开出销售票据(注意:不是发票),具体一式几联由实际情况决定。

(2)由缴款人持销售票据到收银台缴款,收银员按照销售票据收款后在销售票据上加盖货款收讫章,将其中一联留下,其余几联返还缴款人,缴款人凭款项收讫的销售票据提取商品。

(3)销售人员根据货款收讫的销售票据将商品交给客户,留存其中一联,将销售票据的客户联交与顾客,客户凭销售票据到财务部门开具发票。

每日营业结束,销售人员根据留存的销售票据统计当日的销售情况,编制销售日报表(一式几份,根据实际情况决定)。随后,将销售票据附在销售日报表后送交会计部门的出纳员。

(4)收银员根据留下的销售票据统计当日货款的收入情况,编制现金收入日报表(一式几份,由实际需要决定),现金收入日报表的金额必须与实际收取的现金核对无误。随后,将留存的销售票据附在核对无误的现金收入日报表之后,与实际收入的现金一起交出纳员(也有的单位是由收款人员直接将现金交存银行,将银行的进账单作为缴款的依据送交出纳员)。

(5)出纳员将销售部门提交的销售日报表上所列金额和收款人员的现金收入日报表所列金额核对无误后,按现金收入日报表所列金额点收实际收到的现金。现金点收完毕,出纳员和收银员应分别在现金收入日报表上签字确认。经签字确认的现金收入日报表,一份返还收款人员,一份留存作为登记现金日记账的依据。

(6)出纳员应定期将收到的销售日报表、现金收入日报表递交会计人员,由会计人员编制记账凭证,登记现金总分类账、银行存款总分类账及其他相关明细分类账。在月末结账时，会计人员的总分类账余额应当和出纳员的现金日记账、银行存款日记账余额核对相符。

2.门市部门收入现金岗位分工和控制方法

集中收取现金控制流程中的岗位分工和控制方法如表 5-2 所示：

表 5-2　门市部门收入现金的岗位分工和控制方法

	销售员（柜台）	收款员	出纳员	会计
职责	销售商品、开具销货票	收取现金、将现金交出纳员	集中收取保管现金、将现金送存银行，登记现金日记账和银行存款日记账	登记现金总账、银行存款总账、收入明细账
控制方法及手段	注明销售的商品数量金额经手人及所在商品柜台	根据销货票收款、在已收款的销货票上盖货款收讫章及经手人章	审核现金收入日报表、现金收入日报表的金额与实际交纳现金一致，填写现金交接单，分别由收款员和出纳员签字认可	审核收入日报表和银行存款进账单编制记账凭证
控制工具	销货票据、销售日报表	货款收讫章、现金收入报表	现金交接单、现金日记账、银行存款日记账	记账凭证、现金总账、银行存款总账、收入明细账
控制关系	1.销售员的销售日报表与收款员的现金收入报表核对相符 2.收款员的现金日报表与出纳员的现金记账核对相符 3.出纳员的现金日记账、银行存款日记账与会计员的现金总账、银行存款总账核对相符			

注意：在表 5-2 的会计内部控制的环节中，省略了一个环节。如果购买商品的客户需要发票，在收款员收完款以后，客户可以凭加盖了货款收讫章的销货票，到指定的开票地点开具发票（一般情况是到财务部门开具发票），有的单位（特别是零售单位）也把这项工作作为收款员的职责之一，即收款员在收款的同时向客户开设发票。

3.门市部门收入现金内部控制要点

门市部门收入现金程序控制的关键点在于岗位分离和账证、账表的核对。

（1）岗位分离是指销售人员、收款人员、现金保管人员、记账人员相分离。销售人员只负责销售，销售人员不得接触收入现金事宜；收款人员只负责收款，并及时将现金交存出纳员处，不得负责销售和现金保管工作，收款人员的收款依据是销售人员开具的销售票据，收款人员不得任意收取没有销售票据的款项或者收取超过销售票据金额的款项；出纳员只负责集中收取并保管现金，将现金及时交存银行，不得负责收款和销售；记账人员只负责记账，不直接经手现金收支业务。

（2）账证、账表核对是指销售员的销售日报表与收款员的现金收入日报表核对相符；收款员的现金日报表与出纳员的现金日记账核对相符；出纳员的现金日记账、银行存款日记账与会计员的现金总账、银行存款总账核对相符。

（三）费用报销现金支付程序的控制

1. 费用报销现金支付的控制流程

企业各项业务发生费用在支出时要按照一定的程序进行报销，如报销差旅费、业务招待费等。费用的报销应由业务部门的相关人员根据原始凭证填制费用报销单，经本部门主管内部审核签字后交会计部门查阅。会计主管或授权的会计人员再对其进行审核签字，经审核签字的报销单再交给出纳员办理付款，出纳付款后登记现金日记账并将报销单返还给会计人员登记相关明细账。

2. 费用报销岗位分工及控制方法

费用报销的岗位分工及控制方法见表5-3：

表5-3 费用报销的岗位分工和控制方法

	业务部门	会计员	出纳员
职责	指派或发生相关业务，如出差、采购商品、购买办公用品等	审核原始凭证的真实性、审核费用发生的合规性及费用开支标准的合理性、登记费用账等	根据审核无误的支付凭证报销费用，登记现金日记账或银行存款日记账
控制手段及方法	提供经济业务发生的发票单据等原始凭证，并证明这些发票单据确实是为了完成这些经济业务而发生的	对审核无误的费用报销单签字认可	核对各项原始凭证与费用报销单的金额
控制工具	承办人员填写的费用报销单，承担人员和业务主管部门负责人签字认可的各种原始单据等	记账凭证、现金总账、银行存款总账收入明细账	现金日记账、银行存款日记账

3. 费用报销支付现金的内部控制要点

费用报销程序控制的关键点在于：必须要根据合法的原始凭证填制费用报

销单；费用报销单必须经过部门主管和会计主管审核签字后才能予以付款；总账、明细账与日记账定期进行核对。

（四）支票付款结算程序的控制

1. 支票付款的结算控制流程

支票付款是使用最广泛的结算方式，企业在购入货物或者劳务时通常会通过开具支票的方式与对方进行结算，为了确保现金流出的正确性，应特别注意支票付款结算的程序控制。当业务部门在收到外单位付款通知单或者自制付款通知单后，经部门主管进行内部审核签字，然后交会计部门。会计部门主管会根据原始凭证对付款业务进行审核签字，再交出纳员签发支票，出纳签发支票后在登记簿上登记支票金额、编号、付款单位等，最后出纳和会计人员根据银行回单分别登记银行存款日记账和相关明细账。

2. 支票付款的内部控制要点

支票付款控制程序的关键点在于：在支票签发前，付款通知单必须经过业务部门主管和会计主管进行审核签字；支票签发时应进行备查登记；签发支票的印鉴章由不同的人员分开保管；总账、明细账与日记账必须由相关人员定期进行核对。

第二节　货币资金控制制度

在了解和熟悉企业内部控制的程序之后，企业应该结合自身的经营特征，按照内部控制设计的原则，来制定货币资金内部控制制度，形成正式的书面文档，供全体员工遵守执行。

一、建立货币资金会计内部控制制度的原则

（一）职务分离原则

对于货币资金的收入与支付，一般都要经过授权、执行、记录、审核、保管等几个环节，这些环节应由两个或两个以上的人员合理分工，共同负责，以达到相互牵制的目的，这就是通常所说的不相容的职务分离的原则。进行职务

分离有利于实现对货币资金控制的目的。货币资金业务需要分离的职务主要有七种：

1. 出纳员和会计人员职务相分离，出纳人员专门负责货币资金业务的管理。

2. 出纳人员不得兼管收入、费用、债权、债务账簿等多个记账工作。

3. 出纳和编制收付凭证的会计人员不能负责编制银行存款的余额调节表。

4. 出纳人员不得负责审核工作和会计档案的保管工作。

5. 货币资金业务的全过程不能由一人单独完成办理。

6. 对货币资金的清查应由出纳之外的会计或审计人员完成。

7. 定期或不定期地调换出纳员的工作，实行会计人员的内部轮换制度。

(二) 授权审批原则

办理货币资金业务的相关人员必须经过授权和批准，还要根据授权批准要求规定相关人员的职责范围和业务权限，相关人员只能在自己的职责范围内处理业务，这样不仅可以加快业务的处理速度，而且还可以防止相互推诿现象的产生。企业可按照下列要点对货币资金进行授权批准：

1. 对货币资金业务建立严格的授权批准制度，明确审批人对货币资金业务的授权批准方式、权限、程序、责任和相关控制措施，规定经办人办理货币资金业务的职责范围和工作要求。

2. 审批人应当根据货币资金授权批准的规定，在授权范围内进行审批，不得超越审批权限。

3. 经办人应当在职责范围内，按照审批人的批准意见办理货币资金业务。对于审批人超越授权范围审批的货币资金业务，经办人员有权拒绝办理，并及时向审批人的上级——授权部门报告。

4. 对于重要货币资金支付业务，应当实行集体决策和审批的制度，并建立责任追究制度，防范贪污、侵占、挪用货币资金等行为的发生。

5. 严禁未经授权的机构或者人员办理货币资金业务或者直接接触货币资金。

授权批准可以分为一般授权和特殊授权两种：前者是授予相关人员处理正常范围内经济业务的权限；后者是授予相关人员处理超出一般授权范围的特殊业务的权限。在进行授权控制时，应特别要注意其范围，范围太大，会使企业控制风险增加，范围太小则会影响人员的积极性，使授权批准形同虚设。

二、货币资金会计内部控制制度的内容

在充分考虑以上原则的基础上，根据程序控制要求，企业应建立现金收支控制制度、定额备用金管理制度、现金预算管理制度、银行存款控制制度、其他货币资金制度、票据和印章的管理制度等内部控制制度。

（一）现金收支控制制度

1. 现金收入控制制度

现金收入的控制制度应当由以下几方面的内容组成：

（1）现金收入由授权收款的收银员（收银员、出纳员）专人负责，收款员只负责收款，不得开具收款单。

（2）收款单由业务部门人员开具，如销售员等，单据必须是连续编号。

（3）现金收款必须根据相关人员提交的原始凭证（收款单）才能进行。

（4）每天收到的现金，应在当日或次日存入开户银行，不得"坐支"。

（5）会计部门根据收款单编制收款凭证。

（6）出纳员和会计部门应当根据收款凭证分别登记现金日记账和相关明细账。

（7）定期进行账账核对、账实核对，一旦发现问题要及时进行处理。

2. 现金支出控制制度

现金支出控制制度由以下内容组成：

（1）现金支出范围必须满足《现金管理暂行条例》。

（2）在企业需要支付现金时，必须先由付款申请人填制付款单，然后将付款单随同有关单证一起交给业务部门主管、会计主管或总经理审核签字。

（3）出纳员收到审核无误后的付款单后支付款项，并在相关凭证上盖上"现金付讫"戳记，以免重复支付。

（4）付款单据送会计部门编制付款凭证。

（5）出纳员和会计部门需要根据付款凭证分别登记现金日记账和相关明细账。

（6）定期进行账账核对、账实核对，发现问题及时处理。

（二）定额备用金制度

1.建立定额备用金制度的意义

对企业一些频繁发生的日常小额零星开支，可以建立定额备用金管理制度进行管理。建立定额备用金制度，一方面可以使相关部门和人员在一定的职权范围内拥有资金的调度权，提高了工作积极性和主动性；另一方面也可以减少日常繁杂的报销手续，有利于节省工作时间，提高工作效率。由此可见，建立定额备用金制度是企业对一些程序化的现金支出项目进行管理的有效方式。

2.现金定额备用金制度的内容

现金定额备用金制度由以下内容组成：

（1）由财务部门统一确定定额备用金项目。例如，建立差旅费备用金、业务招待费备用金、工资备用金等。

（2）确定每项定额备用金的定额。各个部门的定额备用金定额不应当千篇一律，财务部门应根据不同部门承担不同业务的具体情况，来确定各部门定额备用金定额。在通常情况下，除工资备用基金外，其他备用金的金额都不能过大。金额一旦确定，任何超过该备用金定额的现金支出，都应事先经过特别审批后才能支付，并在一般现金中支付，而不在备用金中支付。

（3）确定备用金的保管人。备用金应由专人负责保管，备用金保管人要建立备用金登记簿记录备用金的使用情况。备用金保管人须根据经过授权审批的发票、单据等原始凭证才能支付现金。备用金保管人应及时结账，到财务核销已经支付的备用金，并补足已经支付的备用金。备用金保管人上岗前应接受财务部门的专门培训，使其充分了解作为备用金保管员的职责和权利，还要懂得如何保管现金、如何登记备用金登记簿，以及其他作为备用金保管员应当了解的内容。必须要注意的是备用金保管人没有审批报销费用的权力，审批报销的权限必须由其他经授权的专门人员担任，备用金保管员只能凭经过审核批准的原始凭证支付现金。

（4）备用金的使用必须有发票等原始凭证来证实该笔支出。发票应由备用金使用人签字和审批人签字。在某些情况下，备用金的支付必须得到事先批准。

（5）内部审计人员或其他授权人员应不定期地清查备用金，以确保备用金余额和已支付凭证的合计数与备用金的固定金额相等。

（6）当备用金余额在规定数额以下时，备用金保管人可将已支付凭证按用途汇总结账后交会计部门。当会计部门审批后，交出纳部门按定额补足该备用金。补足备用金的付款凭证，应由会计部门妥善保管，不能返还给备用金保管人。

（7）各备用金的余额应定期与控制该备用金的总账余额相核对。

3. 银行存款形式的备用金

除用现金作为备用金外，也可以代替备用金使用人在银行开设备用金专户。采用这种形式的工作原理同上述的现金定额备用金制度基本相同。此时，企业应以书面形式告知银行，该专户存款只能以企业开出的补足备用金支票为依据，取款时只能由企业指定的备用金使用者才能提取，防止经常使用的现金收入流入该账户和非备用金使用者提取该现金。

（三）现金预算管理制度

1. 建立现金预算管理制度的意义

对现金建立预算管理制度的目的是通过定期编制有关现金的预算计划，对在一定时期企业现金的流入与流出进行统筹安排，以促进现金的有效周转，提高资金的使用效率。因为现金预算的资料主要来源于销售、采购、生产等日常业务预算，所以要加强现金的预算管理，可以有效地促进其他预算工作，使企业对现金收入与支出有全局性的把握，可以减少现金过剩造成的资金浪费和现金短缺给企业造成的经济损失。

2. 现金预算管理制度的内容

现金预算管理制度主要是针对预算期内的现金和银行存款（以下简称现金）的流入和流出编制预算。其主要内容包括以下几点：

（1）对企业现金收支进行科学预测。根据企业的经营特点，预测预算内的现金收入和支出。现金收入主要是企业的主营业务收入中的现金回收部分和收回以前的应收账款。现金支出包括预算期内材料现金采购成本、工资、其他期间费用支出和预计的资本性支出。

（2）将可能的现金收支逐一列示，可以反映出各项预算的金额。

（3）根据期初现金加现金收入减现金支出，计算出预算期现金余缺。

（4）结合企业最低现金需求，当现金发生节余时对其进行运用（如短期投资等），而现金发生短缺时必须通过各种方式进行筹集（如向银行借款、发行债券等），以满足企业正常的生产经营。

通过较为详细和较为远期的现金收支预测和现金预算的编制来规划期望的现金收入和所需的现金支出，从而较为精确地测算出有多少闲置的现金可以用来进行临时性的投资或在经营中需要筹集多少现金。

现金预算编制者应与出纳和从事现金账务工作的会计人员分离，一般是由财务部门的专职人员完成，将货币资金预算与实际执行情况相比较，分析差异进行评价，也可视为货币资金控制的组成部分。

（四）银行存款控制制度

银行存款账户的开设与终止，应由授权批准人员进行审批，在办理银行收付业务时，应严格遵守银行结算纪律。银行存款的收入项目包括存入的现金、收到的票据或其他账户转存，支出项目包括提现、开出票据、转存其他账户。在收支过程中，企业大部分业务可能通过支票结算的方式进行，所以下面主要以支票为例介绍企业应如何建立银行存款收支和核对的控制制度。

1. 支票收入控制制度

企业收到支票收入款项时按以下程序进行控制：

（1）当企业收到支票时，应检查其内容是否填列正确，如出票日期是否正确、金额是否正确、有无出票人印章等。

（2）支票送交银行后，应根据银行回单和其他原始凭证编制收款凭证。

（3）出纳和会计部门根据收款凭证分别登记银行存款日记账和相关明细账。

2. 支票支出控制制度

企业签发支票支付款项时按以下程序进行控制：

（1）每项支票支出，都必须经过授权的支票签署者的审核签发。在某些情况下，可设立支票会签制度，但必须注意的是，每个签署者都必须独立审核支票及其附属凭证，否则这种会签制度将会隐藏更大的风险。

（2）每项支票支出，都必须由经核准的发票和其他必要的凭证作为依据。

（3）支票的签发应满足《票据法》的要求，要特别明确地写明受款人和金额，并与相应的应付凭证进行核对，无受款人和金额的支票风险非常大，应当禁止。已经作为签署支票依据的有关凭证，应于签署支票后，加盖"已付讫"戳记，以防它们被用来作为重复付款的凭证。支票签发时应在备查簿中登记。

（4）作废的支票必须加盖"作废"戳记，以防止再被使用。并且应和其他支票存放在一起，按顺序加以留存。

（5）会计部门根据支票存根来编制付款凭证。

（6）出纳员和会计部门要根据凭证分别登记银行存款日记账和相关明细账。

3. 银行存款的核对

银行存款占企业货币资金的绝大部分，为了准确掌握银行存款的实际金额，防止资金贪污、挪用，企业应定期核对银行存款账目。定期核对的内容包括银行存款日记账与银行收付凭证相互核对，银行存款日记账与银行存款总账相互核对，银行存款日记账与银行对账单相互核对。

在企业核对银行存款日记账与银行对账单时，应首先编制银行存款余额调节表，对未达账项进行调整。为防止舞弊，根据不相容职务分离原则的要求，银行存款余额调节表应由出纳和编制收付凭证以外的会计人员进行编制。

（五）其他货币资金控制制度

其他货币资金包括外埠存款、银行汇票存款、银行本票存款和在途货币资金等，由于这些资金已脱离了银行存款账户，对其管理也应引起密切关注。

外埠存款为专门的采购需要而进行，防止为其他单位或个人付款；通过函询或索取对账单，审核余额是否正确；采购价款应及时结算，采购业务结束后应将外埠存款转入结算户存款，防止长期占用或移作他用。

银行汇票、银行本票等的办理应符合《票据法》的要求，手续健全、完备；必须为正常的业务需求签发票据；按时结算货款，并进行账务处理；余款或超过付款期限的票据应及时办理转账收回。

在途货币资金应由经营人员在下月及时查询，以防凭证丢失或被挪作他用。

（六）票据和有关印章的保管制度

1. 建立票据和印章控制制度的意义

企业在进行现金收支或办理银行结算时可能会使用相关票据或印章，为保证现金和银行存款的安全完整，必须要加强对票据和印章的管理工作。建立和完善票据及印章保管制度，一方面可以减少涉及现金和银行存款的舞弊行为，确保实现其安全完整的控制目标；另一方面也可以明确相关责任人的职责，避免由于职责不清造成的损失，在出现问题后可以及时处理和追究责任。所以企业应该制定书面形式的票据和印章保管制度，明确保管人的责任，建立相关的奖惩条例，为加强对现金和银行存款的控制奠定坚实的基础。

2. 票据和印章保管制度的内容

票据和印章的保管制度应当涵盖以下内容：

（1）票据的购买应由相关会计人员提出申请，经会计主管审批后进行。同时，对购入的票据应建立备查簿，要反映购入种类、数量、编号等情况。

（2）所有票据均应指定专人负责保管。

（3）票据领用时应该在备查簿上进行登记，反映领用数量、票据编号、领用人及领用时间等。

（4）对无需使用的票据，应退回给票据保管人，并向会计主管提出申请，经批准后再按规定注销。

（5）对使用完的票据应进行统一编号存档。

（6）银行印鉴章一般应由两人分管，不得擅自将自己保管的印章交他人使用，也不得私自接受他人保管使用的印章。

（7）在使用时，掌管印鉴章的两人都要对收付款原始凭证进行审查，审核无误后，才能在有关凭证（支票）上盖章。

第三节　现金流量指标分析

一、现金流量指标分析的作用

现金流量指标分析的主要作用是：第一，提供本企业现金流量的实际情况；第二，有助于评价本期的收益质量；第三，有助于评价企业的财务弹性；第四，有助于评价企业的流动性；第五，用于预测企业未来的现金流量。

二、现金流量指标体系的机理

现金流量指标体系是企业进行现金流量管理控制的重要手段，它在企业的财务计划和控制活动如财务预算、价值评估、业绩评价、财务预警中发挥着越来越重要的作用。当前，现金流量指标体系已成为企业的一个重要的信息支持系统和绩效评价手段。同时，随着现金流量管理基本目标的演变，现金流量指标体系的角色定位和关注重点亦有所变化。

作为一个信息支持系统，现金流量管理融入企业的核算体系和预算体系中时，为企业内部管理提供了现金控制的关卡；作为一种绩效的评价手段，现金流量指标体系起到了较好的业绩考核和风险管理作用，并能通过关键指标值的观察有效揭示了现金控制的重点。

通过对现有现金流量指标的梳理和归纳，我们可以按照不同的作用机理和关注点将其分成三类，分别是基于管理导向、基于状态结构和基于财务预警：其中，基于管理导向的指标体系是根据现金流量管理的目标通过整理得到的；基于状态结构的指标体系立足于企业的生命周期特性，将现金流量管理放在了更长的时段中，同时也考虑了现金的流量和流向；基于财务预警的指标体系则是关注企业的未来状况，具有风险预测性。

三、现金流量指标体系的内容

（一）基于管理导向的现金流量指标体系

现金流量指标体系的构建作为企业战略的一部分具有管理导向。这种管理导向的形成成为了现金管理中的关注重点。

1. 流动性管理指标

评价企业的流动性主要是根据现金流量和资产转化的时机以及偿还债务的能力，有关流动性的最常见指标有流动比率、速动比率、应收账款周转率和存货周转率等，这些比率尽管能说明一些问题，但由于反映的是企业某一时点上的流动性水平，特别容易歪曲事实，造成认识的错觉和分析误区。现金流量指标能较好地克服这类缺陷，这些指标包括：现金流动负债比（现金净流量／流动负债）、现金长期负债比（现金净流量／长期负债）、现金债务总额比（现金净流量／债务总额）、债务偿还期（债务总额／经营活动现金流量净额）、现金到期债务比（现金净流量／本期到期的债务）、现金利息保障倍数（经营现金净流量／债务利息）、现金股利保障倍数（经营现金净流量／现金股利）。

2. 盈余现金管理指标

当前，高效的现金管理者认识到现金是一种稀有紧缺资源，应该节约使用并获得最大的投资回报率。至此人们关注的视角才开始转向如何能够进行有效的盈余现金管理。

（1）盈利能力指标

常见的盈利能力评价指标，如净资产报酬率、资产报酬率等，以权责发生制为基础，不能反映伴随企业现金流入的盈利状况，只能评价企业盈利能力"数"的量、不能评价企业盈利能力"质"的量。因此，在进行企业盈利能力评价和分析时，对企业伴随有现金流入的盈利能力指标进行评价就显得十分必要。现金盈利能力常见指标主要有：销售现金比率（经营现金净流量/主营业务收入）、每股现金净流量 [（经营现金净流量 - 优先股股利）/普通股股数]、自有资本金现金流量比率（经营活动现金净流量/自有资本金总额）、经营现金净流量与净利润比率（经营现金净流量/净利润）、经营现金净流量与营业利润比率（经营现金净流量/营业利润）、经营现金贡献率（经营现金净流量/总现金净流量）、现金流量偏离标准比率 [经营现金流量净额/（净利润 + 折旧 + 摊销）]。

（2）收益质量指标

收益质量与经营风险是密切联系的，经营风险大、收益不稳定，会极大地降低收益质量。尽管前述盈利能力类指标纳入了现金流因素，既能反映盈利的数量，又能反映盈利的质量，但缺乏能综合反映出报告收益与公司业绩之间相关性的指标。收益质量主要以两个较为综合的现金流量类指标来衡量，即净收益营运指数（经营活动净收益/企业净收益）、现金营运指数（经营现金净流量/经营所得现金）。

（3）成长能力类指标

现金流量的成长能力类指标主要是从增量比角度考察增长速度，或者从企业扩张角度来考察投资规模，包括以下几个指标：总现金净流量增长率（分析期总现金净流量/基期总现金净流量 -1）、经营现金净流量增长率（分析期经营现金净流量/基期经营现金净流量 -1）、现金投资成长率 [投资活动现金净流量/（固定资产 + 无形资产 + 长期投资 + 其他长期资产）]。

3. 短缺现金管理指标

随着经济环境的变化，企业的发展速度也大幅度提升。但是飞速发展带来的结果是现金的短缺。许多账面盈利的企业却出现经营失败，这主要是因为企业在存货、应收账款和生产等环节投入了大量资金来支持销售的快速增长，导致了现金流量的紧张，使得企业在现金的使用上往往出现捉襟见肘的尴尬局面。这时，除了流动性指标，全面考量企业的经营能力、现金充足能力和现金平衡性的指标也成为了人们关注的重点。

（1）经营能力类指标

经营能力类指标主要包括总资产现金回收率（经营现金净流量/资产总额）和净资产现金回收率（经营现金净流量/净资产）这两个指标。

（2）现金充足能力指标

现金充足能力指标包括现金充足比率 [经营现金净流量/（存货投资＋现金股利＋资本性支出）] 和资本支出比率（经营现金净流量/资本性支出）。

（3）现金平衡类指标

常见的现金平衡类指标为经营现金满足内部需要率 [经营现金净流量/（购置固定资产支出＋现金股利＋财务费用）]。指标反映了企业经营现金流量满足内部需要的能力。虽然企业从外部筹集资金是正常的，但如果企业长期依靠外部融资来维持经营活动所需要现金和支付利息费用，无论如何都是不正常的。如果这样，债权人可能会认为风险过大而拒绝提供信贷。一般来说，企业正常经营活动的现金流量，应当能够满足其对营运资本的追加投入、支付股利和利息费用。这才是一个健康企业的标志。

（二）基于状态结构的现金流量指标体系

基于状态结构的现金流量指标体系是从总量和内部结构两个角度对企业一定会计期间的现金流量进行分析的指标体系。这可以使投资者和企业管理者对企业的经营活动尤其是主营业务的运行状况有所了解，有利于把握企业的现有状态，形成对企业的初步诊断从而做出正确决策，为企业的存续和发展奠定坚实基础。

对经营活动、筹资活动和投资活动现金流量的状态分析可以对企业构成初步的判别，并形成对企业某些活动领域的特别关注，见表5-4：

表5-4　现金流量状态分析表

经营活动	投资活动	筹资活动	企业状态判别	重点关注
正	正	正	发展期主营业务稳定且占主要地位，没有可供投资的项目	筹集资金的目的和用途
正	正	负	产品成熟期没有可供投资的项目，抗风险能力弱	行业前景和企业的产品后续发展能力
正	负	正	高速发展期仅靠经营活动现金流入净额无法满足所需的投资，必须通过筹集必要的外部资金作为补充	投资决策的正确与否和投资前景
正	负	负	经营状况良好，一方面在偿还以前的债务，另一方面正在为未来发展新的盈利模式	经营活动应对意外事件的能力
负	正	负	衰退期经营活动出现困境，靠借款来维持生产经营的需要	投资活动的正现金流量的来源（如来自以前投资的新业务，则实现了主营业务的转型仍然有好的前景；如为处置经营资产，则到了经营危机的境地）
负	正	负	加速衰退期市场萎缩，为应付债务不得不收回投资，已处于破产边缘，需高度警惕	经营业绩和债务情况
负	负	正	如为初创企业，则说明在投入大量资金开拓市场；如为长期稳定企业，则财务状况具有较大的不确定性	企业的发展阶段
负	负	负	陷入严重的财务危机，可能破产	该状态的持续时间

注："正"表示现金流入量大于现金流出量；"负"表示现金流出量大于现金流入量。

（三）基于财务预警的现金流量指标体系

以现金为基础的财务困境或者财务危机预测在40多年前就已经开始出现，至今已经积累了较为丰富的研究成果。以现金流量为基础的财务困境预测、以财务指标为基础的财务困境预测以及以市场收益率为基础的财务困境预测发展成为了三种预测方法，并且产生了很多预测模型。经过研究发现，以现金流量为基础的财务困境预测具有较高的准确性，如果选取的指标合理、构造模型得当，比以其余两种指标为基础的模型更加精确，误判概率更低。

1. 修正的杜邦分析体系

有学者认为，传统的杜邦系统数据资料来源于资产负债表和利润表，但随着人们对现金流量信息的日益关注，传统杜邦系统需要引入现金流量分析可以更全面地反映企业的信息。在修正杜邦系统的基础上，可以帮助企业更好地进行分析、预测和警示。

2. 财务预警综合指数预警体系

国内有学者根据财务预警模式构建了一套现金指标预警体系。该体系在财务预警与经营风险、投资风险、筹资风险之间搭建了逻辑关系，分别设置了反映资本周转、资本扩张和资本结构的预警综合指数指标。该体系还引入了现金盈利值 CEV 和现金增加值 CAV 两个重要指标。

第六章 业务流程的会计内部控制

第一节 业务流程及相关会计内部控制

企业中的会计内部控制是一项庞大的系统工程，涉及到企业生产经营管理的各个方面，不仅包括董事会等高层管理人员，而且也会影响到每一个企业员工。因此，制定企业会计内部控制制度具有十分重要的意义。由于内部控制的许多措施和方法是体现在企业具体的业务层面上的，从业务流程入手进行企业的内部控制有利于加速内部控制措施与企业具体业务的融合。通常是按照一定的标准将企业的所有主要经营过程分成相应的业务循环，然后根据各个业务循环的内容确定相应的控制措施和控制方法。本部分主要阐述了在一个企业的会计系统中，如何按照不同业务流程确认相关的会计内部控制的基本过程。

一、业务流程

业务流程是指处理某一经济业务的工作程序和先后顺序。尽管某业务流程的具体情况可能因企业而异，但对于大多数企业而言，基本都是相同的。业务流程主要包括采购与付款循环、存货与生产循环、销售与收款循环等。这些"循环"，从生产到销售，涵盖了企业生产经营的主要过程和重要环节。

（一）采购与付款循环

采购与付款循环，指采购部门根据业务部门的需要购入的各种物质资料，满足生产和管理所需的过程。采购活动往往形成债务，伴随着经济利益的流出，即出现了付款业务。采购和付款业务是不可分离的业务流程。

（二）存货与生产循环

存货与生产循环，是指企业采购的原材料入库以后，由生产车间领用，生产工人操作机器对原材料进行加工而形成产品的过程。这一循环过程的特点是：存货（包括原材料、在产品、产成品）处于不断的位移过程中，由材料仓库转移到生产车间，在生产车间中由上一生产环节转移到下一生产环节，产品完工后，由车间转移到成品库，等等。在这一循环过程中，责任人也在不断变换，因此，加强存货与生产循环的控制和管理对提高企业经济效益具有重要意义。

（三）销售与收款循环

销售与收款循环，是企业生产经营价值实现的环节，也是现金流入的主要途径。由于销售涉及现金与商品的进出，交易频繁，极易产生错弊，使企业遭受损失，因此，建立规范的内部销售与付款控制制度，并有效执行是十分重要的。

二、相关的会计内部控制

对于上述企业的业务流程，我们要明确企业各流程会计内部控制的主要环节，这些环节包括以下五个方面：

（一）提出会计内部控制目标

控制目标是企业实施内部控制的最终目的，也是评价内部控制的主要依据。因此企业在对会计内部进行业务循环的控制过程中，首先必须明确相应的控制目标，然后据此确定控制要素和关键点，这样才能最终合理保证财务报告的真实、可靠。控制目标又可以分为基本目标和每一循环的具体目标。有效的会计内部控制就是要保证这些目标的实现。

（二）主要业务流程和相应的信息流程

通过各个业务循环的流程以及相应的各种信息的流转，可以明确每一业务循环的主要控制环节。如采购与付款循环就要求各企业合理设置采购与付款业务的机构和岗位，建立和完善采购与付款的会计控制程序，堵塞采购环节的漏洞，减少采购风险；销售与收款循环要求各企业在制定商品或劳务的定价、信用标准和收款方式等政策时，要充分发挥会计机构和人员的作用，加强合同订立、商品发出和账款回收的会计控制，避免或减少坏账损失。

（三）进行岗位分工和授权管理

进行岗位分工和授权管理是企业会计内部控制的主要措施。岗位分工又称职责分工控制，就是要求企业按照不相容职务相分离的原则，合理设置会计及相关工作岗位，明确职责权限，形成相互制衡的机制。授权管理又称授权批准控制，要求企业明确规定涉及会计及相关工作的授权批准的范围、权限、程序、责任等内容。企业内部的各级管理层都必须在授权范围内行使职权和承担责任，经办人员也必须在授权范围内办理业务。

（四）分析常见的内部控制缺陷

每一个业务循环在运行过程中都存在着风险，如记录错误、违反法规、非法交易、欺诈舞弊等。因此，在每一个业务循环中都要有目的地分析该循环运行中可能出现的错误和问题，有利于及时有针对性地制定相应的控制措施，有的放矢地进行控制，这个过程实质上就是对风险进行评估和对可能出现的错误进行预计或设想的过程。

（五）设置内部控制的关键点

企业的会计内部控制受成本效益原则的约束，不可能做到面面俱到。因此，只有抓住关键的控制环节才能建立起有效的会计内部控制制度。关键的控制点是企业业务流程和经营活动中容易产生风险的环节。抓住每个循环的关键点，也就抓住了内部控制的核心，最终据此形成了企业会计内部控制的文字性规范，从而使会计内部控制成为企业各部门和企业员工的行为规范和业务操作指南，也是各部门人员相互监督的依据。

第二节　采购与付款循环的会计内部控制

采购与付款循环是指有关存货采购和向供应商支付款项的全部活动。赊购和现购是此循环中两个主要的交易类型。在采购循环开始阶段，原材料（库存商品）的采购以及其他费用的发生，都以获取收入为目的。采购循环的具体形式并不是千篇一律的，它受许多因素的影响，其中最主要的影响因素是企业的性质（制造业、零售业、批发业或者服务业）和企业组织的大小。

《会计内部控制规范——基本规范（征求意见稿）》中指出：单位应当合理设置采购与付款的机构和岗位；建立和完善采购与付款的会计控制程序；加强请购、审批、合同订立、采购、验收、付款等环节的会计控制；弥补采购环节的漏洞，减少采购风险。

一、采购与付款循环会计内部控制目标

采购与付款循环的基本控制目标是：规范采购与付款行为，防范采购与付款过程中的差错与舞弊行为，以提高采购活动的经济效益。为了实现这个目标，商品或劳务应该满足生产销售的需求，并在一个合适的时间范围内以最合理的价格获得，确保企业对已采购的和企业有效运营所必需的商品或劳务承担责任，准确地反映了企业对外的负债情况，保证应付款项的真实、合理以及授权支付，合理揭示了采购业务中所享有的折扣与折让等。

二、采购与付款循环的业务流程与信息流程

（一）采购与付款循环的业务流程

采购与付款循环的业务流程包括与商品和劳务的采购有关的所有活动。这些业务活动的最终结果会反映到存货总分类账和相应的明细分类账中。大型制造业企业的采购与付款循环的业务流程一般包括五个环节：

1. 请购

企业生产或管理部门根据生产经营需要和仓储情况，按照采购预算或采购计划提出请求采购的申请。审批人要按照相关规定对请购单做出审批。

2. 订货

采购部门依据经批准的请购单向符合信用标准的供货商采购订货。

3. 验收

当采购的物资抵达后，应该按照订单或合同进行验收，并在验收单上记录验收的情况，确保实际收到的商品与订单或合同规定相一致。然后将物资运送

到商店或工厂车间。

4. 付款

财会部门收到供货商转来的发票及银行的结算凭证后，认真地检查发票的详细内容，并与入库单、订货单核对一致后办理付款结算手续，支付货款。

5. 记账

财会人员根据上述有关原始凭证，及时总结记账凭证并据以登记总账、明细账和相关账簿。

（二）采购与付款循环的信息流程

按照上述业务流程，采购与付款循环应设计相应格式的单证和单证的流动程序，以反映动态的信息流程。这些单证主要有九种：

1. 请购单

按照采购计划或采购预算，仓储部门或领用部门根据需要提出并填写请购单，经过各部门负责人批准后，递交给采购部门，作为申请购买商品、劳务或其他资产的书面凭证。

2. 购货订单

购货订单是由采购部门和供应商共同签订，说明购买指定物资的书面凭证，也称采购合同。购货订单应当包括如下信息：采购数量、规格、价格及相关费用、结算方式和期限等。

3. 验收单

验收单，也称入库单，是由仓储部门或收货部门在收到货物时，进行验收和检验所编制的凭证。验收单一式四联（或一式多联）：一联给仓储部门；一联给采购部门用于与订单核对；一联给财会部门用于与发票核对；一联留存。

4. 供应商发票

供应商发票是由供应商开出的，交给买方以证明提供货物等事项的凭证。财会部门收到后，将其与验收单、订单等进行核对一致，据此记账并办理结算手续。

5. 付款凭单

付款凭单是由财会部门根据订单、验收单和发票编制的授权证明文件。付款凭单供内部使用，是记录采购业务的基础，也是付款的基础。

6. 转账凭证和付款凭证

转账凭证和付款凭证是财会部门根据上述各种原始凭证编制的、记录企业采购业务和付款业务的记账凭证。

7. 材料采购和应付账款明细账

材料采购和应付账款明细账是财会部门根据验收单、供应商发票及记账凭证记录采购明细账，根据应付款项变化的情况记录明细分类账。

8. 现金和银行存款日记账

现金和银行存款日记账对于用支票结算的，应记录银行存款日记账；对于用现金结算的，应记录现金日记账。记录依据是付款凭单、支票存根及付款记账凭证。

9. 对账单

对账单是用来核对交易双方债权债务的单据，一般是由供应商提供，需要买方进行核实确认。

三、采购与付款循环的岗位分工与授权管理

（一）岗位分工

在采购与付款循环中的每一个环节企业都应设置相应的岗位，实行岗位责任制，明确相关部门和岗位的职责、权限，以确保办理采购与付款循环的不相容岗位的相互分离、相互制约、相互监督。采购与付款业务不相容的岗位包括以下六对：

1. 请购与审批

商品采购由生产、销售、仓库及其他职能部门根据其需要提出，并经分管采购工作的负责人进行审批，审批人不能超越权力审批，再由采购部门组织采购。

2. 询价与确定供应商

采购部门与使用部门共同参与询价程序并确定供应商，不能由采购部门单独完成询价与确定供应商工作。

3. 采购合同的订立与审计

由采购部门下订单或起草购货合同并由授权部门或人员审核、审批或适当审计。

4. 采购与验收

采购部门不能进行货物的验收工作，应由专职人员或质检人员进行。

5. 采购、验收与相关会计记录

商品的采购、储存保管人员不能担任会计记录工作，以减少误记商品数量金额的可能。

6. 付款审批与实际付款

付款的审核人应与付款的执行人职务相分离。记录应付账款的会计人员不能同时担任出纳职务，支票的签字和应付账款的记账应相互独立。

企业不能将采购与付款业务的全过程交给同一部门或同一个人办理，应根据具体情况对办理采购与付款业务的人员进行轮岗。同时，企业应配备合格的人员办理采购与付款业务，这些人员必须具备良好的业务素质和职业道德。如具备一定的专业教育水平，有一定的实践经验，不断接受教育，诚实守信、爱岗敬业等。

（二）授权管理

授权管理是企业组织机构设置和人员岗位分工的权责管理机制。为了保证采购与付款循环控制目标的实现，企业要建立严格的授权批准制度。

1. 明确审批人对采购与付款业务的授权审批方式、权限、程序、责任和相关控制措施，规定经办人办理采购与付款业务的职责范围和工作要求。

2. 审批人应当根据采购与付款循环授权批准制度的规定，在授权范围内进行审批，不得超越审批权限。

3. 经办人应当在职责范围内，按照审批人的批准意见办理采购与付款业务。对于审批人超越权限的审批，经办人有权拒绝办理，并及时向审批人的上级授权部门报告。

4. 对于重要的、技术性较强的采购与付款业务，应当找组织专家进行论证，实行集体决策和审批，防止出现决策失误的问题。

5. 不允许未经授权的机构或个人进行经办采购与付款业务。

6. 企业应当按照规定的程序办理采购与付款业务，并在各环节编制相关的记录，填写相应的凭证，建立完整的采购登记制度，加强请购手续、采购订单、验收单、入库凭证、采购发票等文件和凭证的相互核对工作。

四、采购与付款循环会计内部控制的具体要点

(一) 常见的错弊

采购与付款循环常见的错弊主要有以下几方面，这些错弊如果不加以合理控制可能会导致采购成本上升，现金大量流失，甚至财物被侵吞。

1. 盲目采购或采购不及时

采购部门或人员没有按照采购计划或请购单进行采购，造成超储积压或供应脱节。其原因一方面可能是控制制度不健全，对需求和市场估算不足；另一方面可能是采购人员故意所为，满足个人私利。

2. 采购中价格不实

由于采购价格不明确，采购人员在采购时接受各种形式的回扣是较为普遍的现象，这就导致了采购价格较高，虚开发票，截留资金，采购质量难以保证。

3. 验收不严格

验收人员不认真核对采购物资的质量和数量或对验收时发现的问题未能及时报告。其原因主要是验收人员玩忽职守、对控制制度认识不足，存在以少报多、以次充好、人情过关等现象，也容易诱发采购人员舞弊。

4. 付款控制不严格

在采购结算时，审核不严或单证不齐就付款，或应付账款管理混乱，导致重复付款、货款流失。

(二) 采购与付款循环会计内部控制的要点

采购与付款的会计内部控制涉及采购、验收、储存、财会等众多部门，健全、有效的采购与付款的会计内部控制应包括以下内容：

1. 采购、验收、储存、会计与财务部门在人员安排及职责分工等方面应相互独立、实行不相容岗位的相互分离。采购与付款应经上述部门进行相应的确认或批准。

2. 一切购货业务，应编制购货订单，购货订单应通过采购及有关部门如生产、销售等部门的签单批准。订单的副本应及时提交会计、财务部门。

3. 收到货物并验收后，应编制验收单，验收单必须按顺序编号，验收单的副本应及时送交采购、会计部门。

4. 收到供货商的发票后，应及时送给采购部门，采购部门将发票与购货订单及验收单进行比较，以确认货物种类、数量、价格、折扣条件、付款金额及支付方式是否相符。

5. 会计部门将收到的购货发票、验收单、结算凭证与购货订单、购货合同等进行复核，检查真实性、合法性、合规性和正确性。

6. 实行付款凭单制。有关现金支付须经采购部门填制应付凭单，并经各有关部门及人员授权批准后方可支付货款。

7. 已确认的负债都应及时支付，方便按规定获得现金折扣，维护同供应商的良好关系，增强企业信用。

8. 应付账款总分类账和明细分类账应按月结账，并且相互核对，出现差异时应按照编制调节表进行调节。

9. 按月向供货商取得对账单，将其与应付账款明细账或未付凭单明细表相互核对，如有差异应进行调节，并查明造成差异的原因。

同时，企业应当建立预付账款和定金的授权批准制度，加强预付账款和定金的管理。应付账款和应付票据应由专人按约定的付款日期、折扣条件等进行管理，已到期的应付账款须经有关授权人员审批后方可办理结算与支付。企业也应当建立退货管理制度，对退货条件、手续、货物出库、退货货款的收回等做出明确规定，还要及时收回退货款。

（三）请购的具体会计内部控制

企业应当建立采购申请制度，依据购置的物资或劳务类型等，确定归口管理部门，授予相应的请购权，并明确相关部门或人员的职责权限及相应的请购程序。

企业可以有各种不同的请购制度，并根据不同的请购内容采用相应的控制程序和控制制度。请购环节主要关注采购申请控制和审批控制两方面的控制。企业还要按照以销定产和库存合理的原则，根据预算和实际需要及时请购，超过一定金额的采购需求必须由采购部门统一进行，领用部门不得自行采购；审批人员根据职责、权限和程序对采购申请进行审批。对不符合规定的采购申请，审批人应要求请购人员调整采购内容或拒绝批准。

具体来说，当采购决策制定以后，随着三联请购单的编制，采购与付款循环从仓储或生产部门开始。请购单是由仓储或生产人员向采购部门做出的一个内部书面的关于商品和劳务采购的请求书，第一联发给采购部门，第二联发给付款部门以便将来核对，而仓储部门保留第三联，以便与采购部门的购货订单和收货部门的验收单核对。

在制造业企业里，请购单最初是由仓库经理、个别使用部门或者生产部门形成的。在这些部门里只有特定人员可以申购，而且在许多情况下都有一个上限（按金额计），超过限制就要获得上级的批准。

由于请购单来自各个部门，每份请购单必须由相关部门的主管人员签名。请购单一般不预先编号，因为它们是从企业里众多的部门中形成的。

由计算机保存存货记录，企业通常的做法是设计一个程序，当存货水平降低到一定数量或者达到了一定生产水平，计算机就能自动生成请购单；还可以用同样的程序自动记录与采购有关的负债和费用。

企业请购的各相关部门应该加强对请购需求的审核、管理，以确保请购需求的依据充分、要求合理，并且请购单填写正确，同时，还要加强采购预算管理。对于预算内的采购项目，具有请购权的部门应严格按照预算的执行进度办理请购手续；对于超预算和预算外采购项目，应当明确审批权限，由审批人员根据职责权限以及实际需要等对请购申请进行审批。

（四）订购的具体会计内部控制

订购是以审批过的请购为依据实施采购的过程。在这一过程中，要决定供应商、采购价格、签订购货合同等重要事项，是整个采购业务的关键控制环节。企业应当建立采购环节的管理制度，对采购方式的确定、供应商的选择等做出明确规定，确保采购过程的透明化。

1. 供应商控制

对于大多数的企业来说，通常都有许多标准的供应商。企业应通过一定的选择标准确定供应商，包括建立供应商选择标准、供应商选择机制和供应商选择程序。既要考查供应商的信用状况，还要从企业的战略角度出发，考虑物资供应的长期稳定性。企业应当充分了解和掌握供应商的信誉、供货能力等有关情况，采取由采购、使用等部门共同参与比质比价的程序，并按规定的授权批准程序来确定供应商。

2. 购货订单控制

请购一旦批准，就可以用请购单来编制预先编号的多联购货订单。购货订单是从一个企业向另一个企业发出的购买货物和劳务的书面要约。购货订单只有在采购部门确信他们可以从有信用的供货商那里获得有利条款的货物之后才能签订。多联的购货订单应该包含所有要顺利完成订单所需的信息（如数量、品名、价格、条款、地址和发货说明等）。企业至少应该编制五联的购货订单：第一联给供应商，而其他几联给付款部门、仓储部门和收货部门。第五联应由购货部门保留，用来与收货单核对。需要注意的是，在大多数企业里通常的做法是从收货部门的购货订单联上删去订货的数量，由此促使收货人员认真盘点收到的货物。在操作计算机系统过程当中，可以在计算机里保存公开的购货订单文件。此文件可以在后续步骤中用来与验收单据核对是否一致。

购货订单是授权执行并记录经济业务的凭据，因此对它的控制非常重要。其主要有：每份订单都要预先编号，以确保日后能完整保存和进行会计处理；在订单发出前，必须有专人检查订单是否得到授权人的签字以及是否存在核准的请购单作为凭证，以确保订单的有效性；由专人复查订单的编制过程和内容，以保证订单的正确性；订单的副本应提交请购部门以证实订单内容符合他们的要求，同时提交给收货部门以便于他们掌握验收标准。

3. 采购价格控制

企业还可以采用订货合同、直接采购等方式进行采购。采购订单或合同中，价格是最容易出现问题的部分。采购价格控制同样要从定价标准、机构、程序、授权与批准等方面进行控制。确定采购价格要经过询价、比价、议价和定价等程序。定价可以分别采用议定、公开市场确定、招标定价等方式。

4. 采购时间和数量控制

从请购到采购物资入库所经历的期间为采购时间。对采购时间的控制，主要是防止生产停工待料，或存货过多闲置而造成资金浪费。企业还要根据资金周转情况和利率、储存成本和费用、采购价格优惠、消耗方式以及缺货风险等，科学计算和决策最佳经济采购批量。采购部门应运用经济批量法进行采购，并将采购数量与时间及时通知仓储和生产部门。

（五）验收的具体会计内部控制

为了达到控制目的，货物的验收应由独立于请购、采购和财会部门的人来承担。收到货物后，应将供货商的发货单和收货部门的购货订单联核对一致。验收主要从凭证审核、数量检验和质量检验等方面进行。收货控制具有双重作用，既要控制采购环节的业务活动，又要控制存货的管理工作。

收货部门的控制责任主要是在收到货物的质量和数量两方面。收货部门具有收货、盘点、验收和接收货物的权利。收到的货物应该被临时地储存在指定区域，确保有效控制并有助于执行以上的各种检查。任何购货订单和收到的货物之间的差异都应该在购货订单和供货商的发货单上注明，并且得到发货人的认可。

记录了收货的数量后，签名的购货订单联就可以作为验收单，或者单独编制预先编号的多联验收单。收货部门要在收到货物时编制验收单，注明从供货商那里收到货物的数量、种类和状态。

无论使用哪种方法，验收单的第一联连同供货商的发货单应送到财会部门，这联表明货物已经收到，因此要记录相应负债；验收单的第二联应由收货部门保留，用来与收货部门的购货订单联核对一致；验收单的第三联发回购货部门，用来通知他们所订的货物已收到；验收单的第四联连同货物应该送到仓储部门或生产部门，第四联应该与仓储部门或生产部门的请购单和购货订单联核对一致，经过核对一致后，要更新存货卡片。完成了收货、盘点和验收后，采购的存货可以运送到仓储部门或直接送到工厂。

对于验收过程中发现的异常情况，负责验收的部门或人员应当立即向有关部门报告，有关部门应查明原因，及时处理。

在某些控制制度中，提交收货部门的购货订单副本中的数量常常被删去，以便提高收货人独立确定数量的可能性，防止收货人不经检验就根据购货订单上的数量来填制作为其检验结果的控制文件—验收单；而有些控制制度则要求两个收货人在验收单上签字来防止这种情况的发生。

（六）付款的具体会计内部控制

1. 应付账款入账前的审核与控制

应付账款是企业购买材料、商品、物资或接受劳务等而应付给供应商的款项。应付账款的真实与否对企业财务状况有较大的影响。同时，债务人的应付账款即为债权人的应收账款，任何应付账款的不正确记录和不按时偿还债务，都会导致债权人和债务人的债务纠纷。所以，应加强应付账款的管理和会计的内部控制。应付账款的会计内部控制制度主要包括以下几点内容：

（1）应付账款必须由专人管理

应付账款的管理和记录必须独立于请购、采购、验收、付款职能以外的人员专门负责，实行不相容岗位的分离。应当按付款日期、折扣条件等规定管理应付账款，以保证采购付款内部控制的有效实施，防止欺诈、舞弊及差错的发生。

（2）应付账款的确认和计量必须真实可靠

应付账款的确认和计量必须要根据审核无误的各种必要的原始凭证。这些凭证主要是供应商开具的发票，验收部门的验收单、银行转来的结算凭证等。负责应付账款管理的人员必须审核这些原始凭证的真实性、合法性、完整性、合规性以及正确性。

（3）应付账款必须及时登记

负责应付账款记录的人员应当根据审核无误的原始凭证及时登记应付账款明细账。应付账款明细账应该分别按照供应商进行明细核算，在此基础上还可以进一步按购货合同进行明细核算。

（4）应付账款必须及时冲抵预付账款

企业在收到供应商开具的发票后，应及时冲抵预付账款。

（5）正确确认、计量和记录折扣与折让

企业应当将可享受的折扣和可取得的折让按规定的条件加以确认、计量和记录，以确定实际支付款项的正确，防止企业可获得折扣和折让被隐匿和私吞。

（6）应付账款的授权支付

已到期的应付账款应当及时支付，但必须经有关的授权人员的审批后才能办理结算与支付。

（7）应付账款的结转

应付账款总分类账和明细分类账应按月结账，并且相互核对，出现差异时应按照编制调节表进行调节。

（8）应付账款的检查

按月向供货商索取对账单，将其与应付账款明细账或未付凭单明细表进行相互核对，如有差异应编制调节表调节并查明发生差异的原因。如果追查结果表明本企业无会计记录错误，则应及时与债权人取得联系，以便调整差异。向供应商索取对账单并进行核对调节的工作应当由会计负责人或其授权的、独立于登记应付账款明细账的人员办理，来贯彻内部牵制原则。

具体来说，就是从供货商那里收到发票后，应该马上签收，然后与请购单、购货订单和验收单的会计联核对一致。这种签收的过程，可以对交易过程的所有细节进行独立检查。

2. 应付账款支付的审核与控制

付款控制侧重于现金流控制。从手段上看有流程控制、组织控制、岗位控制、凭证控制及制度控制；从内容上看有零星采购备用金控制、款项支付控制、应付账款登记控制及现金折扣控制等。付款环节涉及供应商、采购、验收、仓储等职能部门及财会部门。

付款环节的控制流程主要表现为债权人请款、负责人审批、财会部门主管审核、与供应商对账、出纳付款等。企业应根据自身的特点，安排适合企业经营管理的控制流程，并控制该流程的有效实施。

企业财会部门在办理付款业务时，应当对购货发票、结算凭证、验收单等相关凭证的真实性、完整性、合法性及合规性进行严格审核。只有符合要求的凭证才能据以付款，对于审核中发现不真实、不合法的原始凭证有权不予以接收，并报告企业负责人；对于记载不准确、不完整的原始凭证予以退回，并要求有关经济业务事项的经办人按国家统一会计制度的规定进行更正、补充，待手续齐全后再予以办理。

付款的具体控制制度主要有以下方面：

（1）防止未经批准的款项支付

在付款前，付款人要仔细检查付款凭证是否经授权人批准，任何付款都必须经财务主管签字。对于现金支付，首先要检查发票上是否有"付讫"的字样，以防止二次支付；其次检查是否具有经审核的验收单。对支票付款，要注意对支票本身的控制，签发的支票由签字人本人寄送，不得让核准或处理付款的人接触；未签发的支票要安全保管；作废的支票应予以注销，防止重复开具。

（2）确认的负债要及时支付

以获得现金折扣的好处，并与供应商维持良好的信用关系。财会部门要定期检查应付账款明细账及有关文件，防止失去现金折扣。有的企业为了控制负债的及时支付，将应得到但未获得的现金折扣作为一项费用来处理，以加强会计部门的财务管理。

（3）正确付款和记录

在付款前，应复核发票上的数量、价格和合计数以及折扣条件。对于因退货或折让而造成的应付账款借项，在良好的控制制度下，也可于未收到供应商的贷项通知单之前，从付款金额中扣除。

3. 应付账款支付的控制方法

应付账款支付的控制方法有明细账余额付款法和凭单付款法，即一票一付两种情况。

《会计内部控制规范—采购与付款（征求意见稿）》第二十二条规定：单位应当加强应付账款和应付票据的管理，再由专人按照约定的付款日期、折扣条件等管理应付款项。已到期的应付款项须经有关授权人员审批后方可办理结算与支付。应付账款的支付方法有余额付款法和一票一付法两种方法。

（1）余额付款法

所谓的余额付款法是直接根据每个供应商应付账款明细账上的余额付款的方法。采用这种支付方法的最大优点是比较简单。但是，根据应付账款余额支付的最大不利之处在于，在支付货款时，不再检查核对相关的供应商发票、送货单、验收单等有关原始文件，实际支付的应付账款和发票账单之间，以及采购商品的实际入库情况之间不存在一一的对应关系，一旦发生差错或者付款纠纷，查找对账很困难，甚至根本不可能查账对账。

此外，如果对应付账款的入账源头把关不严，就有可能发生应付账款付过头的现象，也有可能导致内外勾结、以虚假的发票计入应付账款账、套取虚假货款却没有收到商品，使企业承担损失。

在余额付款法下，应付账款明细账的管理和应付账款的授权支付应当分别由不同的人来承担，授权人员要综合考虑企业的付款政策、供应商的具体情况等因素以后，确定在什么时候、向哪个供应商、支付多少应付账款。一旦确定了应付账款的支付对象及支付金额以后，授权人员应当签发付款通知书。

付款通知书一式四联：一联由授权人员留存；一联作为付款通知书与有关支票或者其他支付凭证送交供应商；一联作为出纳员签发支票或者其他付款凭证的依据，出纳员据此登记银行存款日记账；一联由分管应付账款明细账的会计员作为登记应付账款明细账减少的依据。

如果应付账款是根据供应商应付账款余额支付，而不是根据每一份购货发票支付的，那么，负责管理应付账款的会计人员在准备支付应付账款时，应当事先编制一份应付账款支付明细表，将所有支付的供应商对象和相关的供货发票情况罗列清楚。该明细表一式两份，一份送交出纳员，另一份送交可以有权签名支付货款的授权人员。出纳员对付款明细表的内容审核无误后填写支票，但是无权签名付款。随后，出纳员将准备就绪的支票再送交至有关授权人员，该授权人员对付款明细表审核无误后，在出纳员准备就绪的发票上签名，支付货款。

余额付款法的付款控制过程，由 3 个当事人组成，管理应付账款的会计人员负责提出付款请求，并准备证明付款合理性的相关文件，随后进行双重审查；由出纳员审查付款的准确性，并准备好付款的支票；由授权人员审查付款的合理性，并在支票上签名付款。在这种控制程序中，会计人员、出纳员和授权人员的责任分工有利于减少工作中出现差错的可能性，也有利于防止在付款过程中舞弊行为的发生。

（2）一票一付法

为了克服余额付款法的弊端，可以建立一种一票一付的应付账款明细分类账体系。这一体系的操作思路归纳如下：多证相符——一票一账—逐行登记—同行注销。

多证相符是指严格控制应付账款的入账源头，只有发票、送货单、验收单几证相符的采购业务才可以登记应付账款明细账，缺少其中任何一种单据都不得登记应付账款。

一票一账是指对每一个供应商发生的每一笔采购业务，在多证相符的情况下，可以编制一张记账凭证，在应付账款明细账中登记一笔账。

逐行登记是指由于对某一供应商的商品采购而发生的应付账款在该供应商的应付明细账中逐行序时登记。

同行注销是指应付账款的支付不是根据某一供应商应付账款明细账的余额，而是根据已经入账的每笔应付账款的发票金额支付应付账款，一笔应付账款支付以后，支付的应付账款应当在与发生的相关应付账款的同一行内予以注销。每一行借方登记的应付账款支付数都不超过同行贷方已经登记的应付账款发生数。

在这种付款制度下，应付账款的支付由专人审核有关供应商发票、送货单、验收单等原始单据以后才可以签发应付账款支付单。应付账款支付单一式四联：第一联由签发人留存；第二联作为出纳签发支票或者其他支付方法支付货款的依据；第三联与支票存根或者其他支付凭证一起作为应付账款记账员登记应付账款减少的依据；第四联作为付款通知书与支票或者有关付款结算凭证送交供应商。

如果使用计算机系统，"应付账款支付单"可以直接由授权人员输入系统，"应付账款支付单"上的详细情况被记录在计算机里面，同时将"应付账款支付单"的详细信息输入购货业务文件。购货文件中包括所有与这一"应付账款支付单"相关的商品发票、送货单、验收单等情况，购货文件对"应付账款支付单"的信息与原有的信息自动核对无误后，通过授权同意支付，同时更新购货文件中的应付账款明细账和有关总分类账。

如果企业采用的是一票一付应付账款的付款体系，则付款的依据是授权批准的应付账款支付单，具体过程下次不再重复。月末在计算机系统中，所有已经支付的应付账款，其发票、送货单、验收单、付款通知书等应当另外形成"已经付款文件"。未支付的应付账款，其发票、送货单、验收单等应当另外形成"未付款文件"，它们的合计应当与应付账款总分类账中的金额核对相符。

为了满足一票一付法的核算需要，应付账款明细账的格式要做相应的调整。

在一票一付法下，所有与应付账款有关的单据实际上都进行了二次审核，即应付账款入账时审核了一次，应付账款支付时又审核了一次，而且应付账款贷方登记的实际支付金额不能超过同行借方实际登记的发生数目，这样就能够充分保证应付账款记录和支付的准确性，同时防止支付过程中的舞弊行为。

（3）支票准备和签名

不论采用什么样的方式向供应商支付货款，在支票准备和签名上必须严格予以控制，这一类控制至少应当包括下列内容：

支票应当事先编号。支票由出纳员负责保管并按照填写要求进行填写。只有在证明付款合理性的所有原始文件都具备的条件下出纳员才有权利签发支票。支票签发至少要二次复核签名，第一次复核的资料由应付账款会计员或者凭单登记员提供；第二次复核在第一次复核的基础上进行。一旦支票被支付，所有与支付相关的原始凭证上都要盖上"已支付"的印章。

支票一经签发，具有法定付款效力以后，应当立即送交授权收款的人员，签发准备支票的出纳员和授权签名的授权人员就不能再接触这张支票。

4.应付账款的对账

应付账款的对账工作由以下两方面的内容组成：

首先，将应付账款明细账与应付账款总账核对，做到账账相符。如果根据应付账款余额付款方法支付货款，应当将应付账款明细分类账与应付账款总分类账核对相符，如果发生差异，应及时查明原因并采取相应的处理措施。采用一票一付款的对账方法基本上与余额付款法一样，只是应付账款明细账上的余额计算稍微复杂一些。

其次，将库存商品二级明细分类账、三级明细分类账、库存商品卡片账定期核对相符，做到账账相符、账实相符。

（七）采购与付款循环内部控制的监督检查

企业应当建立采购与付款循环定期或不定期的监督检查制度，包括岗位与人员设置情况、授权批准制度的执行情况、验收制度的执行情况、应付账款和预付账款的管理、相关单据凭证的使用保管情况等。监督检查机构或人员通过实施符合性测试和实质性测试，检查采购与付款循环会计内部控制制度是否健全，各项规定是否得到有效的执行。评价主要以企业战略和企业预算为标准，包括对采购价格与成本标准的评价，采购物资与质量标准、与采购物流标准、与采购组织标准等不同的总体层次进行评价。

第三节　存货与生产循环的会计内部控制

存货是企业的一项重要的流动资产，主要是指企业在日常生产经营过程中持有准备出售，或处在生产过程中，或在生产经营提供劳务等过程中消耗的原材料等。存货与生产循环的控制，对企业恰当反映财务状况和经营成果有重要的影响。

一、存货与生产循环的会计内部控制目标

存货与生产循环的主要控制目标是确保存货安全，生产可控而且是按成本效益原则运作。一般来说，存货与生产循环具体控制目标有：生产是根据企业的授权进行的，成本的记录是真实合法的，所有的耗费都及时的计入了成本，保护存货资产安全完整，提高存货运营效率，保证实际的存货与账面存货相符，防止存货业务中的差错和舞弊。

二、存货与生产循环的业务流程及信息流程

（一）业务流程

存货与生产循环包括原材料入库、原材料保管、车间领用原材料、车间对原材料进行加工、产品完工、产品销售出库等环节。产品加工过程的性质决定了企业是在按分批法核算产品成本，还是按分步法核算产品成本。存货与生产循环的内部控制涉及许多相关的业务循环。制造业企业的存货与生产循环的业务流程一般包括七个环节：

1. 储存保管

仓储部门对验收入库的存货应按品种数量进行登记入账，对各种类型存货的摆放、收发等情况按流程登记。

2. 计划生产

通常企业根据客户订单或者基于历年销售，或者其他信息的预测情况安排生产并利用这些信息编制成生产预算和未来的生产计划。企业生产计划部门制订生产计划，并交给被授权领导审批，经审批后安排生产部门进行生产。授权生产时应签发预先编号的生产通知单。

3. 存货的领用和发出

领用生产所需的原材料时生产部门根据生产计划部门下发的生产通知单确定物料需求，填制领料单，报部门经理批准后送仓储部门据以发货。仓储部门应按照批准的领料单将原材料发送到生产部门。

4. 开始生产

生产车间根据批准的生产通知单或其他方式进行生产，生产部门在收到生产通知单并领取原材料后，将生产任务分解到每一个生产工人并按任务将原材料分配给生产工人，据以进行生产加工。

5. 成本核算

为了准确地计算产品成本，企业应按照一致性原则收集所发生的所有与产品生产有关的成本，产品的成本不仅包括原材料，还包括人工费用和其他费用。企业应当将材料费用和人工费用记录在相应的在产品账户或者成本中心。制造费用集中计入相应的成本中心后，及时分配计入产品账户。

企业对所有的生产成本（直接和间接的）进行适当的分类，一般分为直接

材料、直接人工、制造费用，即通常所说的料、工、费。企业对原材料的领用、在产品的生产过程、半成品的形成过程、产成品的完工都要有详细的记录和控制。

6. 产成品入库

完工的产品应及时交生产部门清点后转检验员验收并办理入库手续，或是将产品移交下一部门进一步加工，并在存货记录中准确地记录所有的产成品。产成品入库需由仓储部门先进行清点、检验并签收，然后将实际数量通知财会部门。包括产成品在内的所有存货入库后，仓储部门都要根据各类存货的不同性质，分门别类存放，并加以标志；保管人员根据入库单详细填写仓库货物登记簿并建立台账，及时掌握和反映产、销、供、耗、存情况，以便日后与供、销、财会等部门核对，保证账实、账卡一致。对于有毒、易燃、易爆等危险物品，要严格按照国家规定妥善保管。

7. 存货的盘存和计价

企业应定期对存货进行实地盘点，核实存货数量，并与存货记录核对一致，保证各项存货免受未经授权的使用或转移。在盘点时发现存货盘盈、盘亏的，应及时查明原因，分清责任，填写存货清查盘盈盘亏报告表，并及时递交相关部门。

（二）信息流程

存货与生产循环中的信息流程包括原材料加工，支付职工薪酬和其他人工费用（包括福利费、社会保险等）、发生的制造费用（如固定资产折旧、车间管理人员工资等）。只有把握住存货与生产循环单证控制环节，才能了解整个循环的活动轨迹，有效降低经营活动风险。在这一信息流程中涉及的单证主要有九类：

1. 入库单

企业在自制存货完成后，生产部门应编制入库单交给仓储部门、财会部门、生产部门分别持有。入库单应连续编号。

2. 领发料凭证

领发料凭证是企业为控制材料发出所采用的各种凭证，如材料发出汇总表、领料单、限额领料单、领料登记簿、选料单等。仓库保管人员对存货实行簿记管理，在保管单中详细记录存货的名称、规格、数量等信息。

存货出库时，应以生产或销售部门的领料单或出库单为依据。仓库保管人员确认单据的真实性后按照核准的数量、品种发出存货，这一过程最好由两人共同完成。领料单应连续编号。

3. 生产通知单

生产通知单是企业生产计划部下达的制造产品等生产任务的书面文件，用来通知生产部门组织产品的生产，供应部门组织材料的发放，财会部门组织成本的计算。生产通知单要预先连续编号。

4. 产量和工时记录

产量和工时记录是登记工人或生产班组在出勤日内完成的产品数量、质量和生产这些产品所耗费工时数量的原始记录。常见的产量和工时记录有工作通知单、工序进程单、产量通知单、工作班组产量报告、产量明细表、废品通知单等。

5. 工资汇总表和人工费用分配表

工资汇总表是进行工资费用分配的依据。它是为了反映单位全部工资的结算情况，并据以进行工资结算、总分类核算和汇总整个单位的工资费用而编制的。人工费用分配表反映了各生产车间和产品应承担的生产工人工资及福利费。

6. 材料费用分配表

材料费用分配表是用来汇总、反映各生产车间和各产品所耗费的材料费用的原始记录。

7. 制造费用分配表

制造费用分配表是用来汇总反映各生产车间和各产品所应负担的制造费用的原始记录。

8. 成本计算单

成本计算单是用来归集某一成本计算对象所承担的生产费用，计算该成本计算对象的总成本和单位成本的记录。

9. 其他

仓库控制的主要单据还有存货分类表、各部门使用情况统计表、存货盘点表、存货保管成本记录单等。

以上信息流程，还会涉及以下账户：原材料总分类账户以及相应的明细分类账，在产品、人工费用、制造费用总分类账户以及相应的明细分类账；差异账户，产成品总分类账户以及相应的明细分类账。

三、岗位分工与授权管理

（一）岗位分工

岗位责任制是存货与生产循环控制的关键。明确相关部门和岗位的职责权限，确保办理存货与生产循环的不相容岗位相互分离、制约和监督，是存货与生产循环控制的基础。在存货与生产循环的每一个环节设置相应的岗位。包括验收、保管、发料、清查、会计记录、处理审批等。企业应实行岗位责任制，明确相关部门和岗位的职责、权限，确保不相容岗位的相互分离、相互制约和相互监督。

存货与生产循环不相容岗位主要包括存货的保管与清查、存货处置的申请与审批、薪酬支付单的编制与分配、成本费用预算编制与审批、成本费用支出审批与执行、成本费用支出执行与相关会计记录等。

企业不能由同一部门或个人办理存货与生产循环的全过程业务，应当配备合格的人员办理相关业务。办理存货与生产循环的人员应当具备良好的职业道德和业务素质。

企业应当按照材料的验收入库、产品的验收入库、存货的仓储与保管、存货的领用与发出、薪酬计算等环节办理相关业务，并在各环节编制相关的记录，填制相应的凭证，建立完整的存货登记制度，加强各环节凭证和单据的核对工作。

（二）授权管理

企业应当建立存货与生产业务的授权批准制度，明确授权批准的方式、程序和相关控制措施，规定审批人的权限、责任以及经办人的职责范围和工作要求，严禁未经授权的机构或人员办理相关业务。审批人应当根据授权批准制度的规定，在授权范围内进行审批，不得超越审批权限。经办人应当在职责范围内，按照审批人的批准意见办理存货与生产业务，对于审批人超越授权范围审批的业务，经办人有权拒绝办理，并及时向审批人的上级授权部门报告。单位应当制定科学规范的存货与生产的业务流程，明确存货的收取、验收与入库，仓储与保管，领用、发出与处置等环节的控制要求，并设置相应的记录或凭证，如实记载各环节业务的开展情况，确保存货与生产业务全过程得到有效控制。

企业存货与生产业务涉及的要素比较复杂，因此，往往实行授权后的分权管理，授权管理由以下环节组成。

购买原材料（包括低值易耗品、包装物等）的申请，要通过生产、财务等部门共同审批完成，收入存货过程中发生的资金收益和费用支出的办理需要经过财会部门的批准，因生产需要存货在企业内部的转移需要得到主管部门的批准，以相关的审批文件作为存货转移的依据。

仓库管理部门进行存货保管人员配备时要得到高层管理部门的审批；存货储存地点的确定要经过生产技术部门的批准；存货储存成本的支出要得到财会部门的审核；存货离开储存仓库时，使用存货的部门或人员要出示授权审批材料，并应该取得仓库管理部门的批准；仓库管理部门在销毁有关存货簿记、备查登记等文件资料时，需要经过高层管理部门的批准，同时还要获得财会部门的同意。

稽核小组制订清点或盘点计划，确定清点时间、频率时要向有关主管部门报告，得到批准后才能实施；清点过程中确定存货盘盈、盘亏的处理方法需要得到主管部门的审批；主管会计人员对存货清点结果采取的会计核算方法要经过财会部门主管的批准。

使用存货之前，生产、销售等部门要向主管部门提出申请，各部门在使用存货时要向仓库管理部门出具生产计划或者存货使用预算审批材料，仓库管理部门核对审批单上的要素后才能发出存货。日常零星使用存货要获得本部门主管的批准，企业应该制定存货使用的权限分配制度，明确规定各级部门主管的审批额度，对于超出审批权限的额度要经过上级主管的批准。仓库管理部门对存货保管的调整方案要经过主管机关的批准，并明确在此过程中出现问题的责任。主管会计初步拟定出存货发出的核算方法后要向财会部门主管报告，以便综合考虑存货发出成本计算对企业总体经营活动的影响等。

四、存货与生产循环会计内部控制的具体要点

（一）常见的弊端

1. 保管不善

保管不善是指没有指派专人对存货等资产进行严格的保管，使得不能及时发现存货的毁损变质等情况，缺乏相应的监督程序，导致账面记录的存货价值

已经不能反映真实情况。

2. 收发控制不严

收发控制不严是指收发存货没有经过严格的授权审批控制，具有很大的随意性，出现多发或少发或者没有通知会计部门及时记录，导致资产损失、账目不符。

3. 成本核算有误

成本核算有误是指对存货等资产的领用没有分类核算，导致相应的支出不能正确计入成本；成本核算缺少必要的复核，不能及时发现计算中出现的失误；虚列费用与支出，从而调节当年销售成本，获取利润。

4. 销售成本结转不实

销售成本结转不实是指部分会计人员不能将成本在产品和完工产品之间进行正确划分，或者人为调节在产品和完工产品之间的划分比例，导致结转的销售成本不实，利润不实。

（二）存货与生产循环会计内部控制要点

1. 存货发出的会计内部控制

单位应当加强对存货领用与发出的控制。单位内部各业务部门因生产、管理、基本建设等需要领用原材料等存货的，应当履行审批手续，填制领料凭证。单位销售存货，应当符合《会计内部控制规范—销售与收款（征求意见稿）》中有关规定。单位对外捐赠存货，应当履行审批手续，签订捐赠协议。捐赠对象应当明确，捐赠方式应当合理，捐赠程序应当可以监督检查。单位运用存货进行对外投资，应当履行审批手续，并与投资合同或协议等核对一致。各单位应当建立存货处置环节的控制制度，明确存货处置的范围、标准、程序、审批权限和责任。单位处置残、次、冷、背存货，应由仓储、质检、生产和财会等部门共同提出处置方案，经单位负责人或其授权人员批准后实施。单位应当组织相关部门或人员对存货的处置方式、处置价格等进行审核，重点审核处置方式是否适当，处置价格是否合理，处置价款是否及时、足额收取并入账。单位应当建立健全存货取得、验收、入库、保管、领用、发出及处置等各环节凭证、资料的保管制度，并定期与财会部门核对，发现问题及时处理。

厂部计划部门一旦批准了某种产品的生产，应当编制生产通知单，生产通知单一式三联：一联由签发部门留存；一联转交生产车间，作为车间组织生产的依据；一联交仓储部门，作为仓储部门发料的依据。

生产车间在领用原材料时必须填制领料单，领料单要列示所需的材料种类和数量，以及领料部门的名称。领料单可以一料一单，也可以一单多料，通常需一式三联。仓库部门核对生产通知单以后向车间发料，领料单的一联连同材料交还领料部门，其余两联经仓库登记材料明细账后，递交财会部门进行材料收发核算和成本核算。

2. 存货在生产过程中的会计内部控制

为了正确地核算产品成本，对在产品进行有效的控制，必须建立、健全成本会计制度，将生产控制和成本核算有机结合起来。一方面，生产过程中的各种记录，如生产通知单、领料单、计工单、入库单等都要汇集到财会部门，由其是对它们进行审查和核对，了解和控制生产过程中的实物流转；另一方面，财会部门要设置相应的会计账户，会同有关部门对生产成本进行核算和控制。完善的成本会计制度应该提供有关原材料转为在产品、在产品转为产成品，以及按成本中心或分批生产任务通知单对生产过程中消耗的材料、人工和间接费用的归集和分配的详细资料。

（1）生产成本控制的业务环节

企业应建立相应的生产成本控制制度，加强对生产成本的控制，降低生产成本；同时，应保证生产成本信息的准确可靠，为改进成本控制方法、进行成本控制决策提供信息。生产成本业务主要由生产部门负责。同时，还涉及计划、劳资和财会部门。

生产过程中发生的生产成本就经济实质方面看，主要包括外购材料、外购燃料及动力、工资和福利费及折旧支出等。业务程序一般经历以下环节：

第一，企业技术部门会同生产成本发生部门制定材料、动力等费用的消耗定额与开支标准。消耗定额与开支标准的作用有三点：首先，它们是编制生产成本计划，并将费用指标分解落实到生产成本具体发生部门的依据；其次，它们是企业日常运作过程中管理当局控制各项生产成本的依据；最后，它们是计划和财会部门分析成本差异的依据。

第二，用料部门根据生产计划和消耗定额填制领料单，经部门主管人员审核签字后，据以领料；各个部门考核人员做出考勤和产量记录，经由各个部门负责人员审核签字后，送交财会部门，作为计算工资、提取福利费及分配工资费用的依据；车间核算人员记录动力消耗情况，经过主管人员审核签字后作为分配动力消耗费用的依据。

第三，财会部门根据各部门经审核签字后的各项费用开支凭证，结合各部门费用限额办理各项费用的结算业务，同时汇集各项生产成本的原始记录进行审核汇总，并按照生产成本的经济用途计入有关账簿。

（2）生产成本的控制措施

为保证单位生产成本业务会计核算资料准确可靠，保证生产成本业务合法合规，保证生产成本支出经济合理，保证生产成本计价正确真实，企业应根据生产成本业务的特点以及生产经营对生产成本管理的要求，采取以下相应的控制措施：

第一，为保证生产成本业务符合授权要求，保证生产费用支出经济合理，企业各车间和职能部门需要开支的各项费用，由专人填制有关凭证后，要经过车间或部门负责人员进行审查批准。对于超出限额或预算的费用开支则由上级主管人员审查批准。

第二，为保证生产成本业务合规合法，保证生产成本业务核算准确，企业仓库保管人员应认真复核经过批准的领料单的领料数量是否超过限额、手续是否齐全，再在领料单上签章并据以发放材料；劳资部门复核车间和其他职能部门转来的考勤记录、产量记录等原始记录后，签发由财会部门提供的工资结算单；财会部门检查各种以货币资金形式支付的综合性费用支出是否超过限额或预算、手续是否齐全后，办理货币资金结算。超过计划或预算的费用开支，应检查是否经过适当的批准手续。

第三，为保证生产成本业务记录有效，保证生产成本业务核算准确，企业财会部门有关人员应分别审查由采购、劳资等部门转来的各项费用开支原始凭证及转账凭证基本要素的完整性、处理手续的完备性、经济要素的合法性、计算要素的正确性，并签字盖章以示审核。

第四，为保证证证、证表相符，保证生产成本业务记录完整及账务处理正确，企业在记账前，稽核人员审核材料发出汇总表、工资结算汇总表、固定资产折旧计算表及其他费用支出原始凭证基本要素的完整性、处理手续的完备性、经济要素的合规合法性、计算要素的正确性；审核转账凭证基本要素的完整性、处理手续的完备性、其所反映的费用收集要素和金额与原始凭证的一致性，并签字盖章以示审核。

第五，为保证生产成本业务有据可查，保证生产成本业务账簿之间相互制约和及时提供准确的生产成本核算信息，企业生产成本明细账主管会计根据原始凭证或记账凭证及时登记生产成本等明细账，登记完毕后，核对其发生额与原始凭证或记账凭证的合计金额，并签字盖章以示登记。生产成本总账会计根据记账凭证登记生产成本总账，登记完成后，核对其发生额与记账凭证的合计金额，并签字盖章以示登记。

第六，为保证账账相符，保证生产成本业务账务处理正确及会计资料准确，企业应在稽核人员监督下，生产成本明细账主管会计与生产成本总账会计定期核对生产成本明细账与生产成本总账的发生额和余额，并互相取得对方签证以示对账。

3. 成本核算系统的内部控制制度

（1）建立产品成本的核算制度

产品成本的核算制度，是指将一定期间的生产费用，按各种产品进行归集，并在完工产品和在产品之间进行分配，来求得各种完工产品总成本和单位成本的制度。产品成本核算制度包括以下内容：

第一，确定成本计算对象。成本计算对象是指为了归集和分配生产费用进行成本计算而确定的生产费用的承担者。包括产品品种、产品加工步骤、产品批别等。在确定成本计算对象时，应考虑生产类型的特点和成本管理的要求。

第二，设置成本核算项目。成本核算项目一般包括直接材料、直接人工和制造费用（即通常所说的料、工、费）。企业可以根据自己的特点设置符合生产过程的一些成本项目，比如企业可以设置燃料和动力、废品损失等。

第三，确定成本计算方法。产品成本的计算方法有分批法和分步法两个基本方法。

产品成本的分批法适用于单件生产、可识别产品（如轮船或珠宝等）成本的核算。在这种方法中，材料和人工以实际支出分配计入或直接计入各批别产品成本，而制造费用通常使用预先设定的分配率计算分配额计入产品成本。

分步法适用于大批量连续式多步骤生产的产品成本核算（如纺织厂、炼钢厂等）。在分步法下，按产品的生产步骤归集原材料费用、人工费用和制造费用，会计期末按产品的生产特点分别采用逐步结转分步法或平行结转分步法计算结转完工产品成本和在产品成本。

需要注意的是，一个企业采取的成本计算方法不是唯一的，因为企业在从事产品生产的过程中，由于生产特点和管理要求不同采取的成本计算方法也不完全相同。所以，企业可以根据自身特点以一种成本计算方法为主，结合其他几种成本计算方法的某些特点而综合应用。

（2）成本核算会计内部控制的内容

为保证产品成本计算的准确可靠，企业应根据生产过程的特点以及经营管理的要求，在生产成本核算过程中设置以下控制点，并采取相应的控制措施。

第一，企业财会部门根据审核后的领退料凭证、工资结算单以及其他有关费用的原始凭证，按照费用的用途分类，划分应计入生产成本的费用和不应计入生产成本的费用，并按照成本项目编制各项费用汇总表和分配表。

第二，企业财会部门应会同生产部门定期清查盘点产品，核实产品数量，确定产品完工程度，及时处理盘亏盘盈及报废的产品，编制产品盘存表。

第三，企业财会部门成本核算人员应在规定的时间内，根据各项生产费用汇总表和分配表以及在产品盘存表，把已经发生应归入生产成本的生产费用在各个期间、各种产品以及完工产品和在产品之间进行分配，计算出完工产品的总成本和单位成本，并编制生产成本计算单。

第四，企业财会部门主管人员应在生产成本计算出来之后，检查成本核算方法是否适当、分配方式和分配比例是否合理、核算程序是否合规、计算结果是否正确，对比已经计算出来的生产成本与计划成本或上期实际成本，检查是否存在差异。确认复核无误后，在生产成本计算单上签章以示复核。

第五，企业财会部门主管会计根据复核的生产成本计算单，编制生产成本汇总表，填制有关记账凭证，及时结转生产成本，并根据生产成本计算单及有关科目余额编制成本报表。

第六，为保证账账相符，保证生产成本业务账务处理正确及会计资料准确，在稽核人员监督下，生产成本明细账主管会计应与生产成本总账会计定期核对生产成本明细账与产品成本总账的发生额与余额，并相互取得对方签章以示对账。同时还要核对成本报表资料，做到账表及表表相符，核对无误后签章，并递交单位负责人审核和签章。

第七，建立生产成本的差异分析制度，产品成本计算无误以后，相关人员应及时分析实际成本和标准成本之间的差异，找出原因，提出改进措施。

4.完工产品入库和保管的会计内部控制

（1）存货入库的控制

仓储部门从生产部门收到存货（产成品或半成品）时，最好是采用永续盘存制保持控制。永续盘存制提供了最好的控制，因为它能定期将现有存货与存货记录进行核对。当存货入库时，仓库管理人员要合理确定存货的存放地点、存放顺序；企业监督部门要对入库的全过程进行监控，及时处理发现的问题，同时防止舞弊行为的发生。仓库管理人员要和验收人员进行工作交接，在交接时双方应该约定各自的权利、责任。交接工作完成后，仓库管理人员和验收人员要在有关的文件资料上签章以示负责。

（2）存货保管的控制

存货保管控制主要是对存货的安全、储存和使用效率进行控制。具体要素包括以下六个方面：

第一，授权使用。存货的使用需要经过授权审批，并且生产、销售、财务等部门应该保持协调，得到共同授权之后才能使用存货。仓储、保管部门应当建立岗位责任制，明确各岗位在值班轮班、入库检查、货物调运、出入库登记、仓场清理、安全保卫、情况记录等各方面的职责任务，并定期或不定期地进行检查。

第二，库存成本。过多的闲置存货会导致企业存货储存成本的增加，这就降低了存货使用的经济效益，仓库会计应该及时与生产、销售部门沟通，反馈存货余缺的情况，保持合理的存货库存水平，既能满足经营活动的需要，又能节约成本。

第三，限制接近。存货是容易丢失、毁坏的重要资产，应该制定严格的存货限制接近制度，任何人未经许可都不得接触存货以及有关的记录。应该设专人对重要的存货仓库进行保护。

第四，建立存货的分类管理制度。对贵重物品、精密仪器、危险品等重要存货，应当采取额外控制措施，确保重要存货的保管、调用、转移等经过严格授权批准，并且在同一环节有两人或两人以上同时经办。企业应当按照国家有关法律法规要求，结合存货的具体特征，建立健全存货的防火、防潮、防鼠、防盗和防变质等措施，并建立相应的责任追究机制。应根据存货的物理性质将其放在适宜的环境当中，以便延长存放时间，防止存货的变质和污染。还要注意存货仓库的选址，应该尽量靠近生产车间，特别是沉重、面积较大的存货，这样可以提高使用效率。

第五，建立存货抽检制度。存货经常处于快速流动的状态中，虽然财会部门定期对存货的结存进行盘点，但是仍然可能出现问题。这就要求对于重要的存货，仓库管理人员应该每天都对存货的出、入情况进行抽查，在存货使用种类不多的情况下可以全部检查，期末再由会计稽核人员进行复核，这样能够将风险降到最低水平。

第六，仓库人员的相互牵制。仓库记录人员和保管人员不能由同一人担任，仓库管理人员应该按照有关制度规定行使权力。进出仓库时需要进行登记，并且签字确认，来明确责任。建立仓库的约束激励机制，对于管理成绩较好的仓库和人员应给予一定的物质奖励。

（3）存货退出企业的控制

第一，存货损坏的控制。存货的毁损会导致企业资产的减少，而且在很多情况下损坏的存货还具有一定的使用价值。存货的管理人员应该对存货经过的业务环节进行检查，找到存货毁损的原因和有关责任人，无法明确责任时按照有关规定处理。仓库记录人员应该填制存货毁损清单，记录存货损坏的数量、品种以及产生的影响；财会部门根据毁损记录进行相应的会计处理，及时形成报告传递给上级管理人员。

第二，存货丢失的控制。存货丢失从性质上讲不同于损坏，大量的存货丢失必然隐藏着舞弊的可能。仓库人员应该及时登记存货丢失的有关记录，如存货入库日期、数量、名称和出库记录，并与涉及的部门和人员进行核对，查明丢失的原因。如果是发货过程中的合理丢失、损耗，由会计人员直接计入成本；如果是人为错误、疏忽导致的丢失，由直接责任人赔偿；如果查明是人为舞弊造成的丢失，则仓库管理员应该向企业的高层管理人员报告，等待批准后处理。

（4）存货期末清点的控制

企业应当建立健全存货清查盘点制度，仓储部门和财会部门应该定期或不定期地对重要的存货进行盘点，盘点频率和盘点品种的确定要符合成本效益原则，及时发现并掌握存货的灭失、损坏、变质和长期积压等情况，存货发生盘盈、盈亏的，应查明原因，分清责任，并及时报告有关部门。盘点之后要填制存货盘点报告以备查，对于出现的问题要及时处理。存货盘点工作由财务、仓库和各级主管共同进行，主要检查账面记录的发生额、余额、发出量、剩余量与实际库存量、发出量是否吻合。对于实行标准成本预算的企业，还应该根据清点的结果分析预算执行的效果，对产生的差异进行分析，编制差异分析报告，注重效益分析。企业应当创造条件，逐步实现存货的信息化管理，确保相关信息及时传递，进而提高存货运营效率。

（5）存货期末计价的控制

企业应按照成本与可变现净值孰低对存货进行期末计价，即当成本低于可变现净值时，存货按成本计量；当成本高于可变现净值时，存货按可变现净值计量。

企业应当加强对存货跌价的会计核算，及时掌握存货价值变动情况。充分确认、计量存货跌价的依据，方法应当正确。为了更真实地反映企业资产的实际价值，期末应对存货计提跌价准备。对于不同类型的存货应当采取不同的标准，对于没有市价的存货，应该尽量以类似商品的市场价格作为参考，对于发生损坏、变质、使用价值减少的存货。应根据具体情况多做准备及早收回成本，使企业损失降到最低。

参考文献

[1] 尚玉霞，侯建云，罗雅兰．财务会计 [M]．北京：中国经济出版社，2022.08．

[2] 卢德湖，刘正兵，刘纯超．财务会计 [M]．北京：机械工业出版社，2022.08．

[3] 王媛媛，葛运红．高级财务会计实务 [M]．上海：立信会计出版社，2022.08．

[4] 迟甜甜，张志国．财务会计实训 [M]．上海：立信会计出版社，2022.08．

[5] 尹燕婷，范玲．企业会计监管与财务管理 [M]．延吉：延边大学出版社，2022.09．

[6] 张慧．浅析会计内部控制制度 [J]．商情，2022(7)：19-21．

[7] 石丽静．财务会计内部控制管理 [J]．中文科技期刊数据库 (全文版) 经济管理，2022(1)：62-65．

[8] 由文军．加强会计内部控制的探讨 [J]．商情，2021(7)：8-9．

[9] 王颖娟．企业会计内部控制机制的优化思考 [J]．知识经济，2023(7)：41-43．

[10] 曹雪凯．财务会计内部控制管理探析 [J]．中国乡镇企业会计，2023(3)：126-128．

[11] 于明洁．试析如何加强企业会计内部控制 [J]．中国市场，2022(31)：170-172．

[12] 谢红梅．管理会计与财务会计的融合 [J]．经济与社会发展研究，2022(29)：28-31．

[13] 赵本萍．浅析事业单位财务会计与企业财务会计的区别 [J]．经济师，2022(4)：93-94．

[14] 宁晴．简析财务与会计关系 [J]．财会学习，2020(36)：91-93．

[15] 付鹤村 . 财务会计管理模式分析 [J]. 首席财务官，2022(3)：151-153.

[16] 师韵，王颖，高慧敏 . 会计教育与财务管理研究 [M]. 吉林：吉林科学技术出版社，2022.08.

[17] 贾军华，李曙丽，许晓琳 . 会计理论与财务管理信息化 [M]. 重庆：重庆出版社，2022.08.

[18] 毛越峰 . 企业内部控制评价分析报告 [M]. 苏州：苏州大学出版社，2019.06.

[19] 胡燕红 . 企业会计内部控制现状及对策探究 [J]. 全国流通经济，2022(29)：149-152.

[20] 周慧芳 . 论加强企业会计内部控制的措施 [J]. 现代经济信息，2022(27)：116-118.

[21] 李万顷 . 会计内部控制存在的问题及对策 [J]. 市场周刊 (理论版)，2022(26)：100-103.

[22] 遇兴嘉 . 完善企业会计内部控制的对策 [J]. 投资与创业，2022(23)：83-85.

[23] 董艳丽 . 企业会计内部控制的建立与完善策略 [J]. 商业故事，2022(23)：106-108.

[24] 徐丽 . 企业财务会计内部控制的优化路径 [J]. 中国集体经济，2022(20)：125-128.